AUS EINER SCHEINBAR KLEINEN FRAGE
KANN WAHRES WISSEN WERDEN, WENN WIR SIE ERNST
NEHMEN UND SIE NICHT MIT KURZEN ANTWORTEN ABWIMMELN.

Wenn wir ihr Raum geben, wird aus einem kleinen Teil ein großes Puzzle. Aus einem dünnen Faden ein starkes Netz. Aus einer leisen Stimme ein lauter Chor. Eine scheinbar kleine Frage hat die Kraft, das Eis zu brechen. Darunter wartet eine Welt, die selbst Erwachsene staunen lässt. Wir müssen nicht auf Wunder warten. Denn sie sind schon da.

MAI THI NGUYEN-KIM & MARIE MEIMBERG

BIBIBIBER HAT DA MAL 'NE FRAGE

WELCHE FARBEN HAT DER REGENBOGEN?

TEXT: MAI THI NGUYEN-KIM & MARIE MEIMBERG
IDEE & BILDER: MARIE MEIMBERG

Verlag Friedrich Oetinger · Hamburg

PINK!

Neulich saß ich mit MoMoMöwe und OttoOtter nach dem Surfen im See. Dicke Tropfen pflatschten ins Wasser und wilde Wellen schaukelten uns hoch und runter. Es war wunderbar. MoMoMöwe erzählte Geschichten vom Meer. Und wir haben davon geträumt, einmal alle gemeinsam mit Delfinen und Walen so richtig große Wellen zu surfen.

Da brach plötzlich die Sonne durch die Wolken und OttoOtter rief: „Schaut, ein Regenbogen!“

MoMoMöwe ist vor Freude fast vom Surfbrett geplumpst: „Diese Farben!!! So bunt wie Eure BiBiBiber-Bücher!!!“

Und ich? Na ja, ich wusste nicht so richtig. Weil für mich ist so ein Regenbogen gar nicht bunt! Hell und dunkel ist er. Schimmernd und strahlend. Aber bunt? Bunt ist er für mich nicht. Und auch Farben sind für mich nicht bunt.

Aber OttoOtter und MoMoMöwe kamen aus dem Über-Bunte-Bücher-Schwärmen gar nicht mehr raus! Und während OttoOtter fast verliebt von Orange plapperte – war MoMoMöwe total im Pink-Wahn!

„Pink! Ja, Pink, ey!!! Das ballert so richtig! Violett, auch voll krass! Aber bei Ultra-Violett, da haut es alles raus!!! Auf Blumen oder so! Das ist der Oberknaller!!!“ Sie hat sich gar nicht mehr eingekriegt.

Ich hab ihnen ehrlich gesagt gar nicht richtig zugehört. Ich saß so da. Hab auf diesen wunderschön leuchtenden Lichtbogen im Himmel geschaut und mich gefragt:

„Wo sehen die denn da bunte Farben?
Und welche von diesen bunten Farben hat er denn für sie, dieser Regenbogen?“

Und merkte gar nicht, dass ich die Frage laut vor mich hingeplappert hatte.

MoMoMöwe meinte: „Hä? Ist doch klar! Schau doch einfach hin: Rinden-Rot, Lehm-Acker-Rot, Rotfuchs-Rot, Kirsch-Rot, Rosen-Rot, Rote-Beete-Rot, Erdbeer-Rot, Mohnblumen-Rot, Preiselbeeren-Rot, Hagebutten-Rot, Rotaugenlaubfrosch-Augen-Rot – einfach alles Rot halt …"

„Äh, sag mal …", unterbrach sie OttoOtter. Aber MoMoMöwe ließ sich davon nicht aufhalten: „… und natürlich auch Blutorangen-Rot-Orange, Sonnenuntergangs-Rot-Orange, Rot-Orange, Kürbis-Orange, Orangen-Orange, Karotten-Orange, Kurkuma-Orange, Paradiesvogelblumen-Orange – einfach alles Orange eben …"

„Ey, was erzählst Du da …?" OttoOtter wurde ganz hibbelig. Aber MoMoMöwe war richtig in Fahrt: „… und natürlich auch Gold-Gelb, Sonnenblumen-Gelb, Entenküken-Gelb, Löwenzahn-Gelb, Zitronen-Gelb, Zitronenfalter-Gelb, Johanniskraut-Gelb, Hahnenfuß-Gelb, Eigelb-Gelb …" – OttoOtter konnte nicht mehr: „DU SOLLST SAGEN, WAS DER REGENBOGEN FÜR FARBEN HAT!!! Und hier nicht alle Farben aufzählen, die du kennst!!!"

MoMoMöwe war ganz irritiert. „Ja, aber das mach ich doch! Wo war ich? Ach so. Gelb. Einfach alles Gelb. Und auch alles Zwischen-Gelb-Und-Grün. Und natürlich Lind-Grün, Limetten-Grün, Gras-Grün, Frosch-Grün, Birken-Grün, Gurken-Grün, Prachtkäfer-Grün, Apfel-Grün, Raupen-Grün, Moos-Grün, Tannen-Grün, Baumwanzen-Grün, Brokkoli-Grün … “

OttoOtter konnte es nicht fassen: „SAG MAL, WILLST DU MICH ÄRGERN, ODER WAS?!?! WAS DU DA VORNE IM REGENBOGEN SIEHST, SOLLST DU SAGEN!!!“ – MoMoMöwe verstand gar nichts. „Ja, entspann Dich. Das mach ich doch. Und ich bin auch noch lange nicht fertig. Weil da ist ja einfach alles Grün. Und alles Blau. Das ganz helle und das ganz dunkle. Und natürlich auch Violett. Und Ultra-Violett! Und einfach alle Übergänge dazwischen auch.“

Da war OttoOtter richtig sauer: „EY, SO EIN QUATSCH! Was fantasierst Du Dir denn da für Farben zusammen!!! Ich seh da ganz klar DREI Farben. Aber Deine Fantasie-Farben, die hat der Regenbogen nicht!“ – „Doch!“ – „Nein!“ – „Doch!“ – „Nein!“– „DOCH!“ – „NEIN!“ „DO-HOCH!“ – „NEI-IIN!“

So ging das hin und her. Ich hab gar nicht gesagt, dass für mich beides großer Quatsch ist! Dass der Regenbogen für mich hell und dunkel ist. Aber eben nicht bunt. Und ich hab mich einfach richtig darauf gefreut, Euch zu sehen. Ihr wisst doch bestimmt, wer recht hat: Ich, OttoOtter oder MoMoMöwe? Ihr wisst doch bestimmt:

WELCHE FARBEN HAT DER REGENBOGEN?

BiBiBiber, voll gut, Dich wiederzusehen. Wir haben Dich und Deine Fragen schon ein bisschen vermisst. Und in der Frage WELCHE FARBEN HAT DER REGENBOGEN?, da sind wieder wirklich superviele spannende Fragen versteckt!!!

DARF ICH AUCH ZWISCHENFRAGEN STELLEN?

UNBEDINGT!

UNBEDINGT!

DAS STECKT ALLES HIER DRIN:

DER REGENBOGEN

Es gibt richtig viele Lieder und Geschichten über ihn. Und über das Sehen auch. „Man sieht nur mit dem Herzen gut, das Wesentliche ist für das Auge unsichtbar“, steht in einem Buch, das „Der kleine Prinz“ heißt. Und über den Regenbogen erzählen manche, dass an seinem Ende goldene Schätze warten. Aber na ja, wir würden Dir jetzt nicht unbedingt raten, auf eine Regenbogen-Schatz-Suche zu gehen. Ja, wer nach dem Ende des Regenbogens sucht, wird für immer auf dieser Reise sein. Oh, und ein BOGEN ist er übrigens auch nicht, der Regenbogen.

BiBiBiber: MOMENT!!! Wie jetzt: Der Regenbogen ist gar kein Bogen?

Ja! Aber fangen wir von vorne an.

BiBiBiber: Bei FARBEN?

Farben müssen alle, die sie sehen können, nicht wirklich lange suchen. Sie sind überall. Und für uns sind sie wirklich sehr – na ja, sehr bunt! Farben können richtig glücklich machen. So sehr, dass manche Menschen richtig verliebt sind. In alle Farben. Oder in eine ganz besonders. Dann wollen sie einfach ganz viele Dinge in dieser einen Farbe haben. Und würden am liebsten die ganze Welt anmalen. In ihrer Lieblingsfarbe.

Aber wir wollten gar nicht bei Farben anfangen. Sondern bei der Sache, die wir brauchen, um zu sehen. Ohne sie sehen wir keine Farben. Ja, ohne sie sehen wir überhaupt nichts.

TASCHENLAMPE
MACHT LICHT

LICHT!

BiBiBiber: Aber was hat denn LICHT jetzt mit FARBEN zu tun?

ALLES! Ohne Licht keine Farben. Außerdem sehen Licht alle, die sehen können. Auch alle, die keine oder weniger bunte Farben sehen. Aber was genau ist Licht eigentlich?

BiBiBiber: Die Sonne ist Licht.

Na ja. Ne. Die Sonne ist ein Stern.

BiBiBiber: Ah ja, stimmt. Weiß ich doch. Hab ich ja bei meiner Warum-Leuchten-Sterne-Frage gelernt. Alles auf dieser Welt ist aus Teilchen. Und die Teilchen tanzen. Überall. Und immer. Aber nirgendwo tanzen sie so wild wie in Sternen. Wie in unserer Sonne. In ihr werden – wie in allen anderen Sternen auch – bei einer wilden Universums-Party Bausteine geschmolzen. Bausteine, aus denen alles auf dieser Welt gebaut ist. Auch wir! Deswegen sind wir alle aus Sternenstaub. Und deswegen leuchten Sterne. Weil bei der Baustein-Party, da entsteht so viel Krabumms-Energie, dass die Sterne die Krabumms-Energie als Leuchte-Licht ins Universum schicken.

Genau. Die Sonne MACHT Licht. Oder eine Kerze, die MACHT auch Licht. Ein Handybildschirm, eine Taschenlampe – oder eine Glühbirne. Auch die MACHEN Licht. Sie sind LICHT-Quellen. Aber was IST Licht?

Licht ist wie eine Welle.

BiBiBiber: Wie jetzt, eine Welle? So wie die Wellen im See? Oder die im Meer???

Ja, ein bisschen schon. Aber was sind Wellen überhaupt?

BiBiBiber: Na ja, Wellen sind Wellen! So eine Hoch-Runter-Wasser-Bewegung halt. Ich geh ja oft mit OttoOtter und MoMoMöwe zum Surfen auf dem See. Wir düsen die Wellen entlang und hängen danach noch ein bisschen zusammen ab. Dann lassen wir uns gemeinsam auf dem Rücken der Wellen rauf und runter treiben. Das kitzelt im Bauch. Und wir träumen dabei vom großen Meer. Und von großen Wellen!!!

Verstehen wir gut! Machen wir auch gern. Träumen und surfen. Leider ohne Otter. Und ohne Möwen auch. Aber ja, so eine Wasser-Welle geht rauf und runter. Und weißt Du auch, warum? Weil einfach so wellt sich Wasser nicht. Wasser liegt einfach so da. Ruht wellenlos vor sich hin. Ungestört, entspannt und glatt. Und dann? Dann springt ein Popo mit Anlauf und Krabumms ins glatte Wasser – und es ist vorbei mit der wellenlosen Ruhe! Das ruhende Wasser wird vom Popo gestört. Und liegt jetzt gar nicht mehr wellenlos und ruhig einfach so da. Denn die Störung vom Popo, die breitet sich in Wellen aus. Und von diesen Popo-Störungs-Wellen werden Biber und Otter und Möwen hoch und runter geschaukelt. Okay, zugegeben: Für so ein richtig ordentliches Hoch-Und-Runter-Geschaukel, da müsste es schon ein richtig ordentlich großer Popo gewesen sein. Aber so ein Dampfer im Meer oder der Wind – die machen Wellen, die auch Biber, Möwen und Otter ordentlich durchschütteln können.

BiBiBiber: Ja! Hoch und runter und hoch und runter und hoch und runter und hoch und runter und hoch und runter werden wir immer geschüttelt!

Genau. Denn egal, ob Popo-Welle oder Wind-Welle, die Wellen-Bewegung wiederholt sich. Und durch diese sich wiederholende Hoch-Runter-Bewegung können wir auch supereinfach rausfinden, wie LANG eine Welle ist. OttoOtter und Du, Ihr setzt Euch auf Euren Surfbrettern auf die Spitzen der Wellenberge. Und wir? Wir messen mit MoMoMöwe den Abstand zwischen Dir und OttoOtter. Zwischen der einen und der nächsten Wellen-Berg-Spitze.

BiBiBiber: Macht bestimmt Spaß! Dieses Wellen-Berg-Spitzen-Messen. Aber was hat meine Surfbrett-Wellen-Rauf-Und-Runter-Wellen-Länge jetzt mit Licht und Farben zu tun? Wenn Licht wie eine Welle ist, hat die dann auch so eine Wellen-Rauf-Und-Runter-Wellen-Länge?

Ja! Es gibt Licht mit supervielen unterschiedlichen Wellen-Längen. Es gibt längere und kürzere Licht-Wellen. Superlange und superkurze. Die Licht-Wellen mit einer längeren Wellen-Länge haben weniger Krabumms-Energie. Und die mit einer kürzeren Wellen-Länge haben mehr Krabumms-Energie.

BiBiBiber: Ist klar. Wenn ich nur ein Mal ganz entspannt hochhüpfe, hab ich auch weniger Energie. Aber wenn ich ganz oft und aufgeregt und schnell hoch- und runter- und hoch- und runterspringe, dann hab ich viel mehr Energie!

BiBiBiber-Energie!!! Komm, wir zeichnen Dir mal auf, welche Licht-Wellen-Längen im Licht stecken. Und wie viel Wellen-Krabumms-Energie die so haben.

LICHT-WELLEN-LÄNGEN

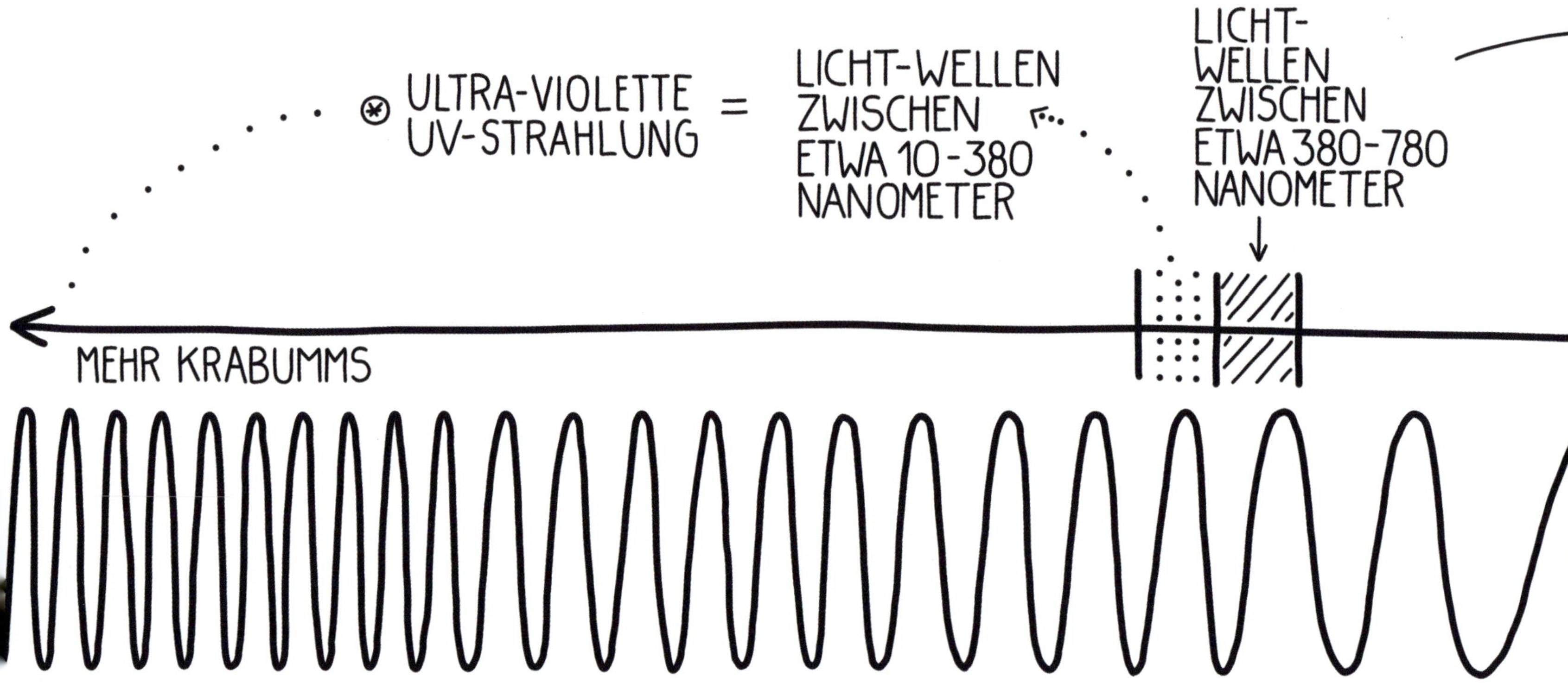

Licht-Wellen werden nicht in Metern, sondern in Nanometern gemessen. Nanometer sind winzigklein. Wirklich. Mini, mini, mini miniminiwinzigklein sind die. 1 Meter sind 1 Milliarde Nanometer. Also eine 1 mit 000 000 000!!! Eine Seifenblasen-Hülle, die ist mehrere Nanometer dick. Und unsere Menschenhaare? Irgendwas zwischen 40.000 und 100.000 Nanometer!

BiBiBiber: Die sind ja wirklich miniminiwinzigklein, diese MANOMETER!

NANO. Nicht Mano. Aber ja. Miniwinzigklein sind die. Und siehst Du den gestrichelten Teil, den wir markiert haben? Den nennen wir Menschen „SICHTBARES LICHT". Wobei wir eigentlich dazu sagen sollten: Für MANCHE MENSCHEN sichtbares Licht. Denn für alle Menschen ist es gar nicht sichtbar. Und für MoMoMöwe, also Vögel oder auch Bienen und andere Insekten oder für den Degu, für die ist der Sichtbare-Licht-Teil größer! Sie sehen Licht-Wellen, die sind für Menschen-Augen unsichtbar.

* KÖNNEN ZUM BEISPIEL BIENEN UND VÖGEL SEHEN, MENSCHEN NICHT. UND ZU VIEL IST AUCH GEFÄHRLICH FÜR MENSCHEN!!!

IM LICHT (KLEINER TEIL[Δ])

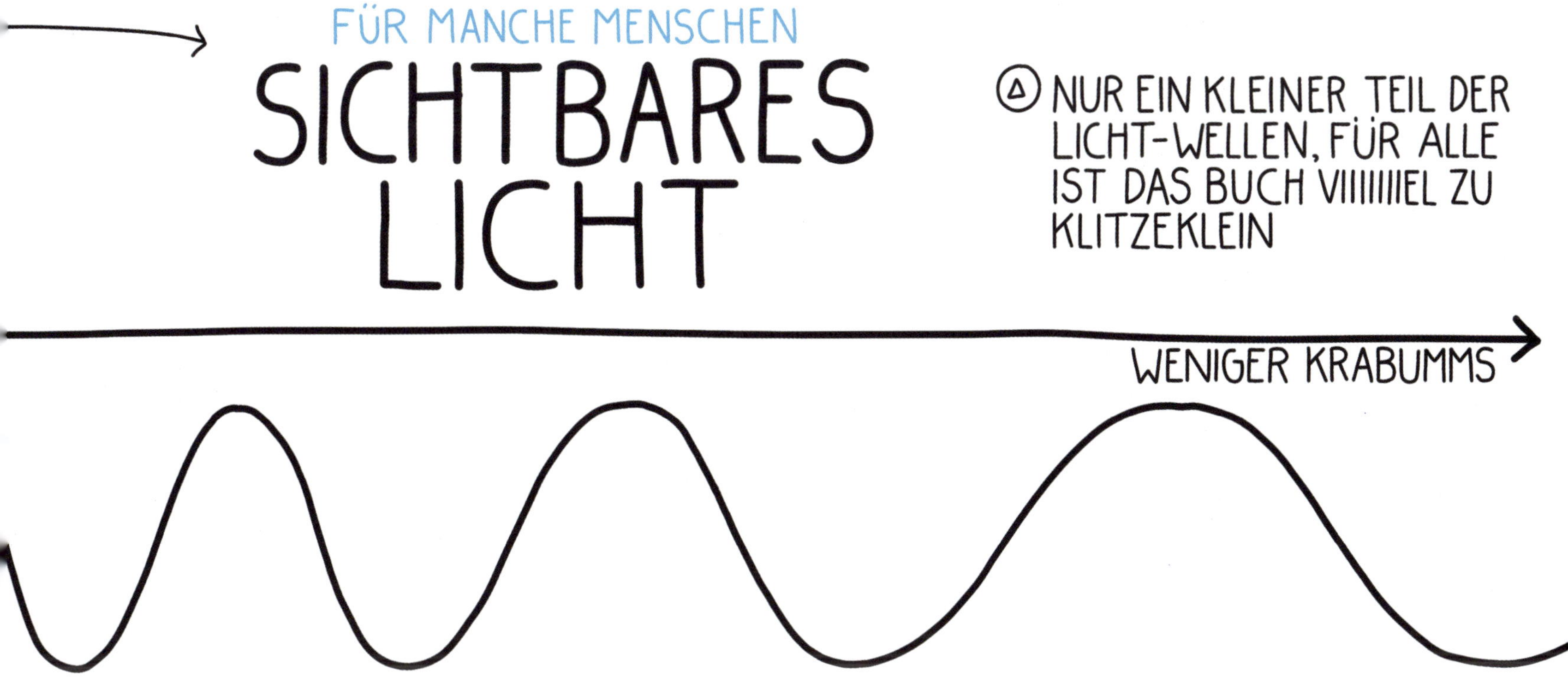

Δ NUR EIN KLEINER TEIL DER LICHT-WELLEN, FÜR ALLE IST DAS BUCH VIIIIIIIEL ZU KLITZEKLEIN

BiBiBiber: Hattet Ihr mir ja im „Sind Dinos wirklich alle tot?"-Buch erklärt! Aber sagt mal, dieser Sichtbare-Licht-Teil, der ist ja wirklich gar nicht groß! Selbst, wenn MoMoMöwe noch ein paar mehr Wellen sehen kann! Wenn man sich anschaut, wie viele Licht-Wellen-Längen es so gibt!

Ja! Wenn wir uns anschauen, wie viele Licht-Wellen-Längen es gibt, sehen wir alle wirklich nur einen klitzekleinen Teil davon.

BiBiBiber: Aber wir sehen ja nicht überall Wellen, oder? Seht Ihr Wellen? Ich sehe keine Licht-Wellen!

Die Wellen selbst, also wie Licht sich hoch- und runterwellt, sehen wir auch nicht. Wobei, eigentlich sehen wir das doch irgendwie. Aber halt nur EIGENTLICH und IRGENDWIE. Komm, wir schauen uns die Reise der Licht-Wellen zu uns mal genauer an.

REISE DER LICHT-WELLEN ZU UNS

Das Licht mit seinen Licht-Wellen trifft in unsere Augen. Entweder direkt von einer Licht-Mach-Quelle. Also von so was wie der Sonne oder einer Glühbirne oder einer Taschenlampe.

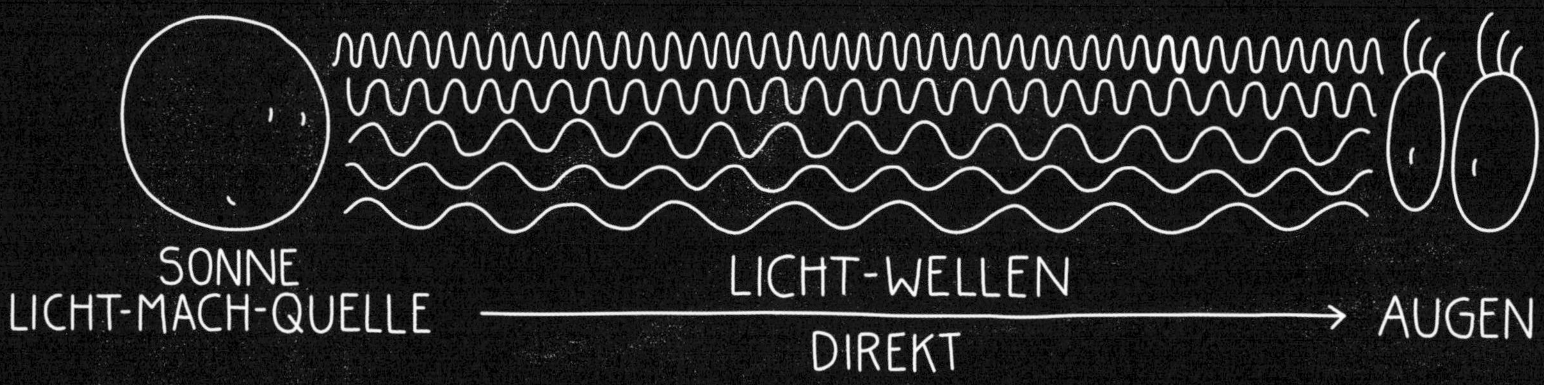

Oder die Licht-Wellen nehmen einen Umweg. Dann treffen sie erst auf ein Blatt oder eine Banane. Auf einen Eisbär. Oder eine Ente. Sie treffen erst auf einfach irgendjemand. Oder irgendwas. Und danach erst in unsere Augen.

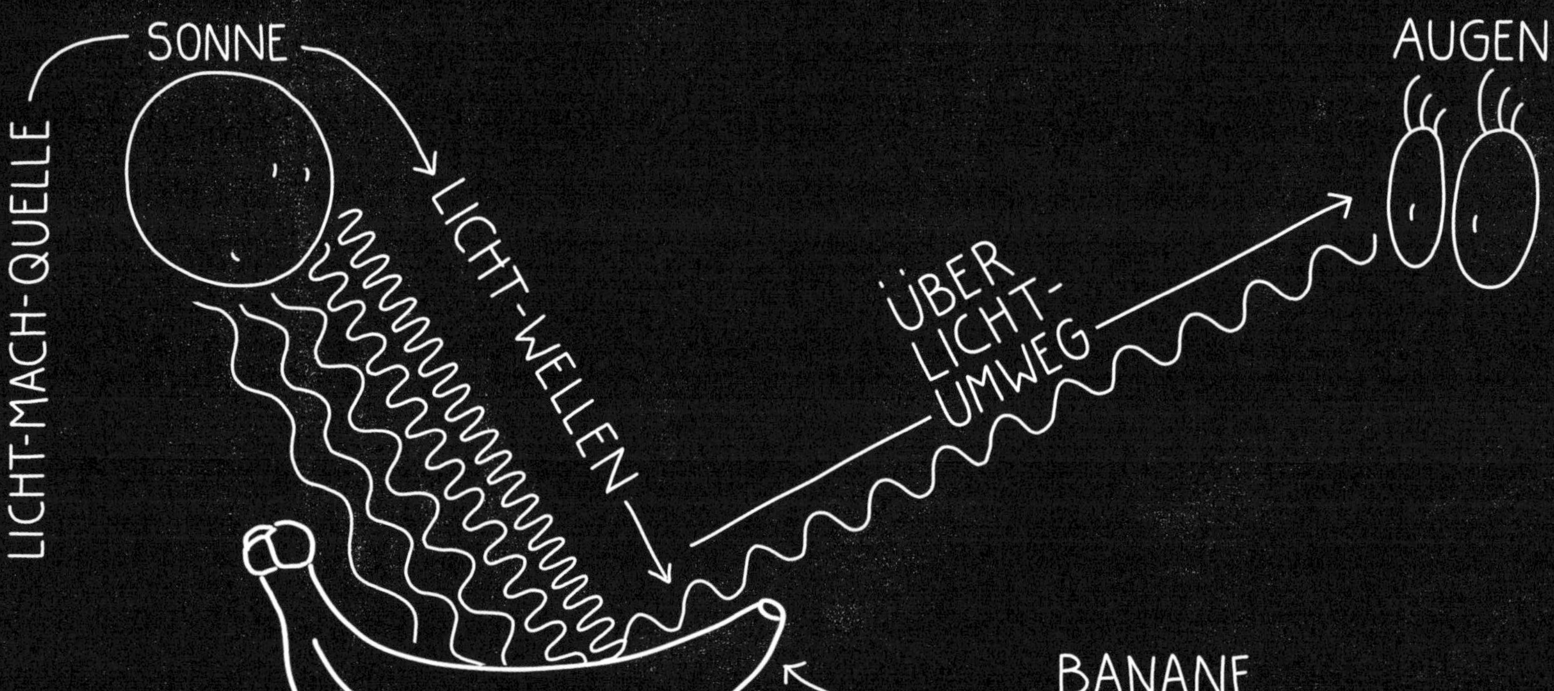

Es ist immer Licht. Einmal reist es direkt zu uns. Und einmal nimmt es einen Licht-Umweg.

BiBiBiber: Einen Bananen-Licht-Umweg!!! Aber sagt mal, da beim Bananen-Umweg, sind da etwa Licht-Wellen verloren gegangen?

Ja. Du kannst Dir das ein bisschen so vorstellen:

Die Sonnenlicht-Licht-Wellen treffen auf eine Banane. Die ist aus Teilchen. Manche Teilchen geben der Banane ihren Bananen-Geschmack. Andere machen die Schale fest oder das Innere weich. Und wieder andere, die schlucken Licht-Wellen. Und verwandeln sie in Wärme. Aber sie wollen gar nicht alle Licht-Wellen aus dem Sonnenlicht, diese Bananen-Teilchen. Sie knuspern, knabbern und verschlucken fast alle. Und den Rest? Den spucken sie wieder aus. Mögen sie nicht. Brauchen sie nicht. Wollen sie nicht haben. Und dieser Bananen-Teilchen-Licht-Wellen-Längen-Spuck-Rest, der trifft auf unsere Augen.

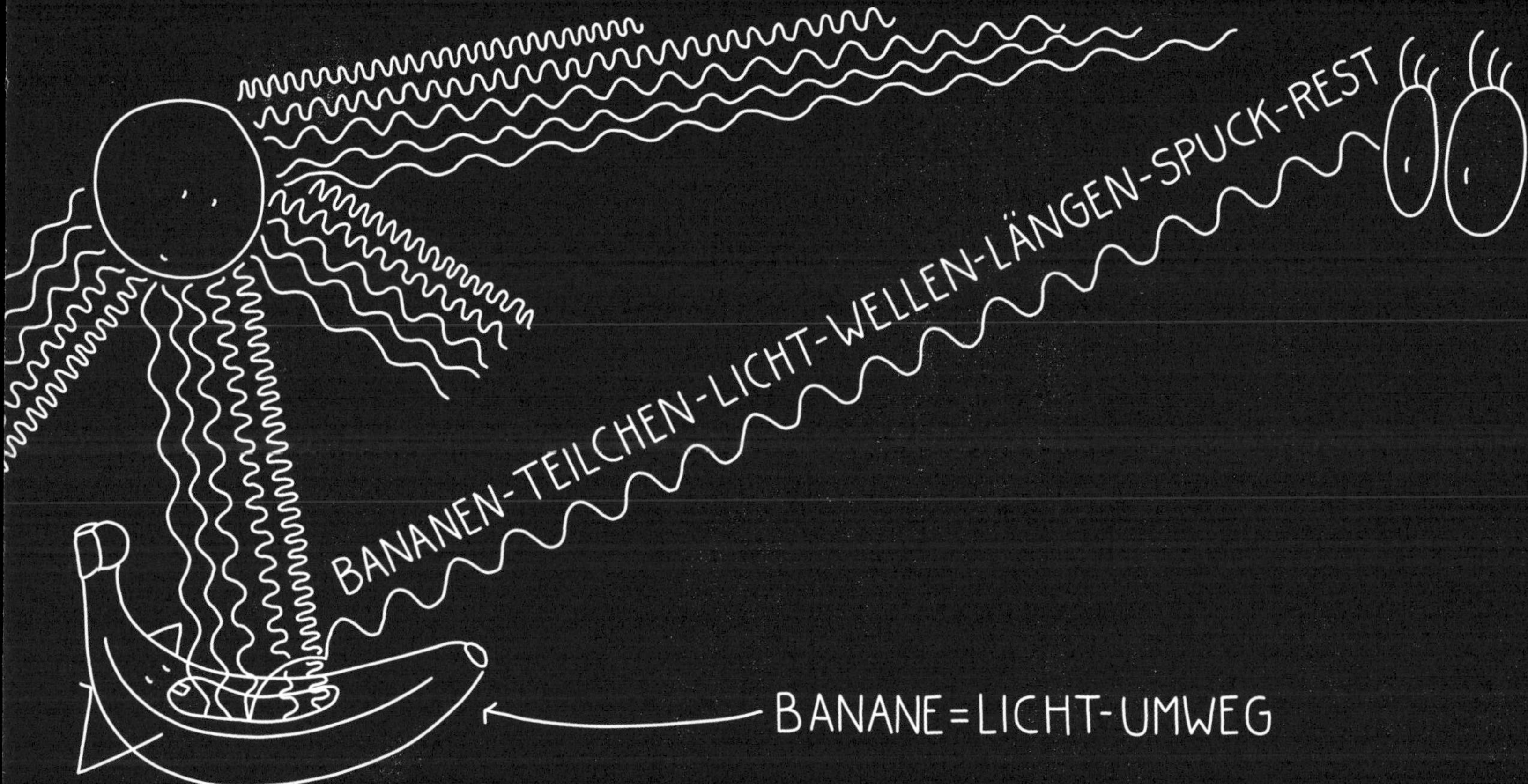

BiBiBiber: Ihhhh. Wobei, Licht-Wellen sind ja gar nicht eklig. Die fliegen ja eh die ganze Zeit um uns rum. Okay. Das heißt: Wir sehen direktes Licht. Oder Umwege-Licht.

Genau. Wir sehen das Sonnenlicht direkt. Und wir sehen das Sonnenlicht, das einen Bananen-Umweg genommen hat. Vom direkten Sonnenlicht kommen alle Licht-Wellen, die im Sonnenlicht stecken, bei uns an. Und von der Banane der „ausgespuckte“ Rest.

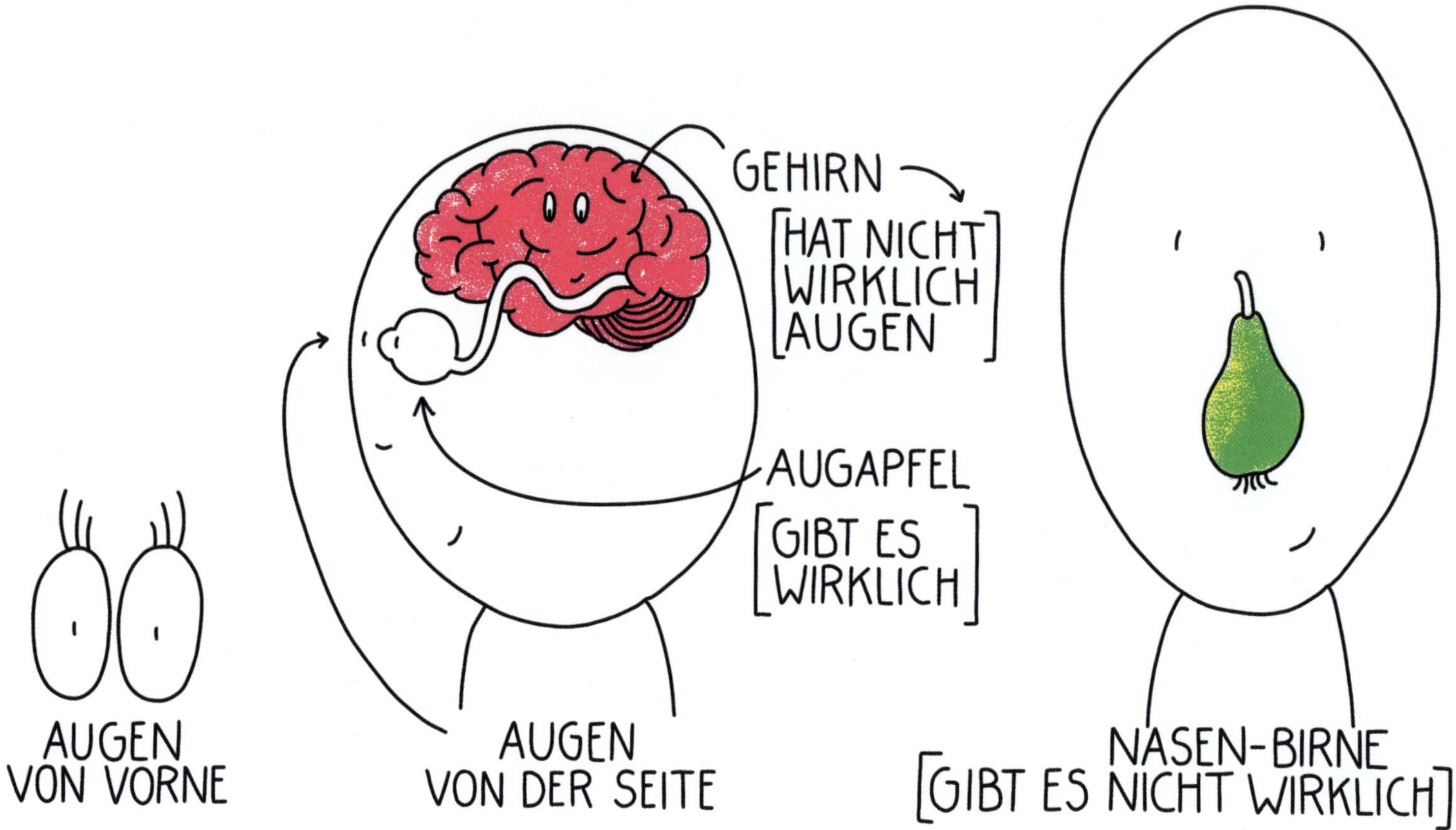

BiBiBiber: Und wie geht die Licht-Wellen-Reise zu uns dann weiter?

Na ja, wie gesagt: Dann treffen die Licht-Wellen auf Augen. Es gibt Augen, die Licht-Wellen sehen. Und solche, die keine Licht-Wellen sehen. Denn nicht alle Augen sehen Licht. Menschen oder Tiere, die blind sind, können ja auch Augen haben. Aber diese Augen reagieren einfach nicht auf Licht. Augen, die auf Licht reagieren, tun das über eine dünne Schicht, die hinten im Auge die Augäpfel bedeckt.

BiBiBiber: Aug-ÄPFEL?

Ja.

BiBiBiber: Gibt es auch Ohr-Bananen? Oder Nasen-Birnen?

Na ja, es gibt zwar Nasen, die ein bisschen aussehen wie eine Birne. Aber wir nennen sie nicht so. Und Ohr-Bananen gibt es auch nicht. Aber Ohr-Muscheln, das klingt doch auch irgendwie schön und witzig, die gibt es wirklich. Und Aug-ÄPFEL, die gibt es eben auch.

Am hinteren Teil dieser Augäpfel, da liegt eine dünne Schicht, die wir Netzhaut nennen. Und auf dieser Netzhaut, da leben die STÄBCHEN und die ZAPFEN. Von den Stäbchen gibt es nur eine Art. Sie sind ein bisschen so was wie unser Nachtsichtgerät. Denn sie reagieren auch bei sehr wenig Licht.

Bei den Zapfen, die wir auch Farbrezeptoren nennen, da unterscheiden sich die Augen. Die meisten Säugetiere, also die Tiere, die als Babys über Brustwarzen Milch trinken, haben zwei Zapfen-Typen. Die meisten Menschen, die ja auch Säugetiere sind, haben drei Zapfen-Typen. Säugetiere, die im Meer leben – so wie Wale und Delfine – und auch einige Säugetiere, die eher in der Nacht aktiv sind – so wie Du, BiBiBiber –, haben einen Zapfen-Typen. Und Vögel, viele Fische und auch Reptilien, die haben vier Zapfen-Typen.

BiBiBiber: Und diese Zapfen-Typen, wie sind die so? Was sind das so für Typen?

Es gibt Super-Kurz-Zapfen-Typen, Kurz-Zapfen-Typen, Mittel-Zapfen-Typen und Lang-Zapfen-Typen. Oder, etwas abgekürzt: SK-, K-, M- und L-Zapfen-Typen.

Die **SK-Zapfen-Typen** sind superaufgeregt und freuen sich richtig arg, wenn Licht-Wellen mit einer **superkurzen** Wellen-Länge im Auge vorbeischauen.

Die **K-Zapfen-Typen** mögen **kurze** Wellen richtig gern.

Die **M-Zapfen-Typen** finden Licht-Wellen mit **mittleren** Wellen-Längen viel besser und viel aufregender.

Und **L-Zapfen-Typen**, die rasten richtig aus, wenn Licht-Wellen mit **langen** Wellen-Längen zu Besuch kommen.

Und wenn sich Zapfen freuen, dann schicken sie aufgeregte Signal-Botschaften an unser Gehirn!

BiBiBiber: Ich freu mich auch echt immer richtig arg, wenn OttoOtter und MoMoMöwe an meinem Biber-Bau vorbeischauen. Dann ruf ich vor Freude auch richtig laut rum: „JA! JA! JAAAAAAA!!! MoMoMöwe und OttoOtter sind da!!!" Oder so was halt. Was rufen denn die Zapfen?

Na ja, sie rufen nicht richtig. Sie schicken ein Signal. Aber **WENN** sie rufen könnten, dann würden die L-Zapfen-Typen so was wie „LangLangLangLangLangLangLangLangLang!!!" rufen.

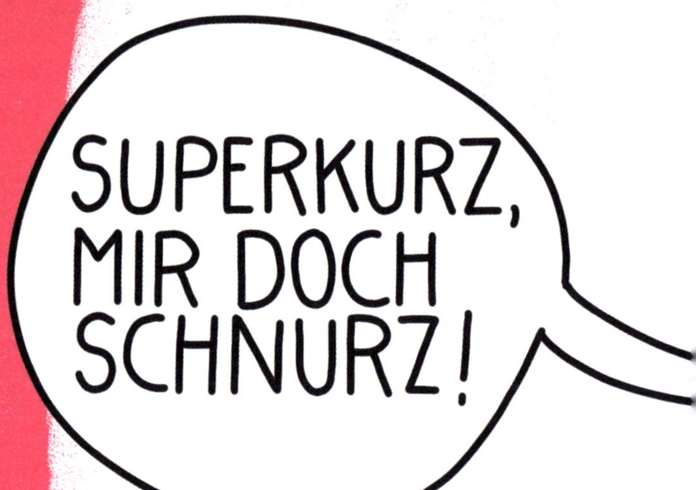

BiBiBiber: Und die M-Zapfen-Typen?
„MittelMittelMittelMittelMittelMittelMittel!!!"

BiBiBiber: Und die K-Zapfen-Typen?
„KurzKurzKurzKurzKurzKurzKurz!!!"

BiBiBiber: Und die SK-Zapfen-Typen?
„SuperkurzSuperkurzSuperkurzSuperkurzSuperkurzSuperkurzSuperkurz!!!"

SUPERKURZSUPERKURZ
SUPERKURZSUPERKURZ
SUPERKURZSUPERKURZ
SUPERKURZ!!!
SUPERKURZ
WELLENFURZ!

BiBiBiber: Aha. Mmmh. Okay. Also, ich sag mal so: Ich wüsste jetzt nicht, was ich mit so einer „LangLangLangMittelMittelMittelKurzKurzKurzSuperkurzSuperkurzSuperkurz"-Botschaft-Nachricht anfangen sollte! Wer soll das denn verstehen?

Wenn bei unserem Mai-Und-Marie-Gehirn zum Beispiel von den L-Zapfen-Typen ein freudiges „LangLangLangLangLangLangLangLangLang!!!" ankommt. Und es von den anderen Zapfen-Typen so gar nichts hört, dann macht unser Gehirn aus dieser Botschaft:

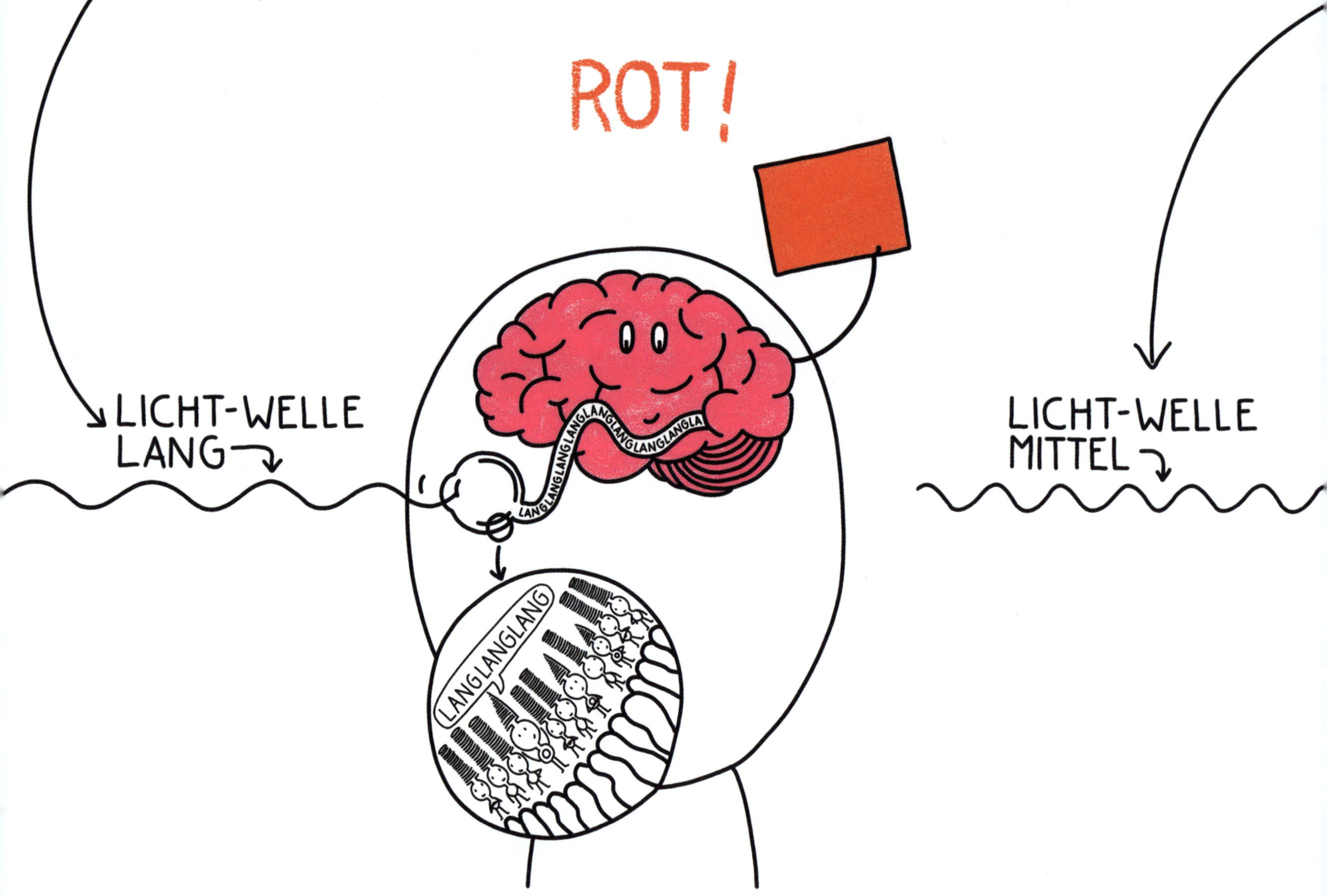

Unser Gehirn! Unser Gehirn ist einfach super im Zapfen-Signal-Botschaft-Nachrichten-Verstehen. Und unser Gehirn versteht diese Botschaften nicht nur, es weiß auch, was es damit anfangen soll!

Und wenn von den M-Zapfen-Typen ein lautes „MittelMittelMittelMittelMittelMittelMittel!!!“ bei unserem Mai-Und-Marie-Gehirn ankommt, dann macht es daraus:

Und aus einem aufgeregten „KurzKurzKurzKurzKurzKurzKurzKurzKurzKurz!!!“ macht unser Mai-Und-Marie-Gehirn:

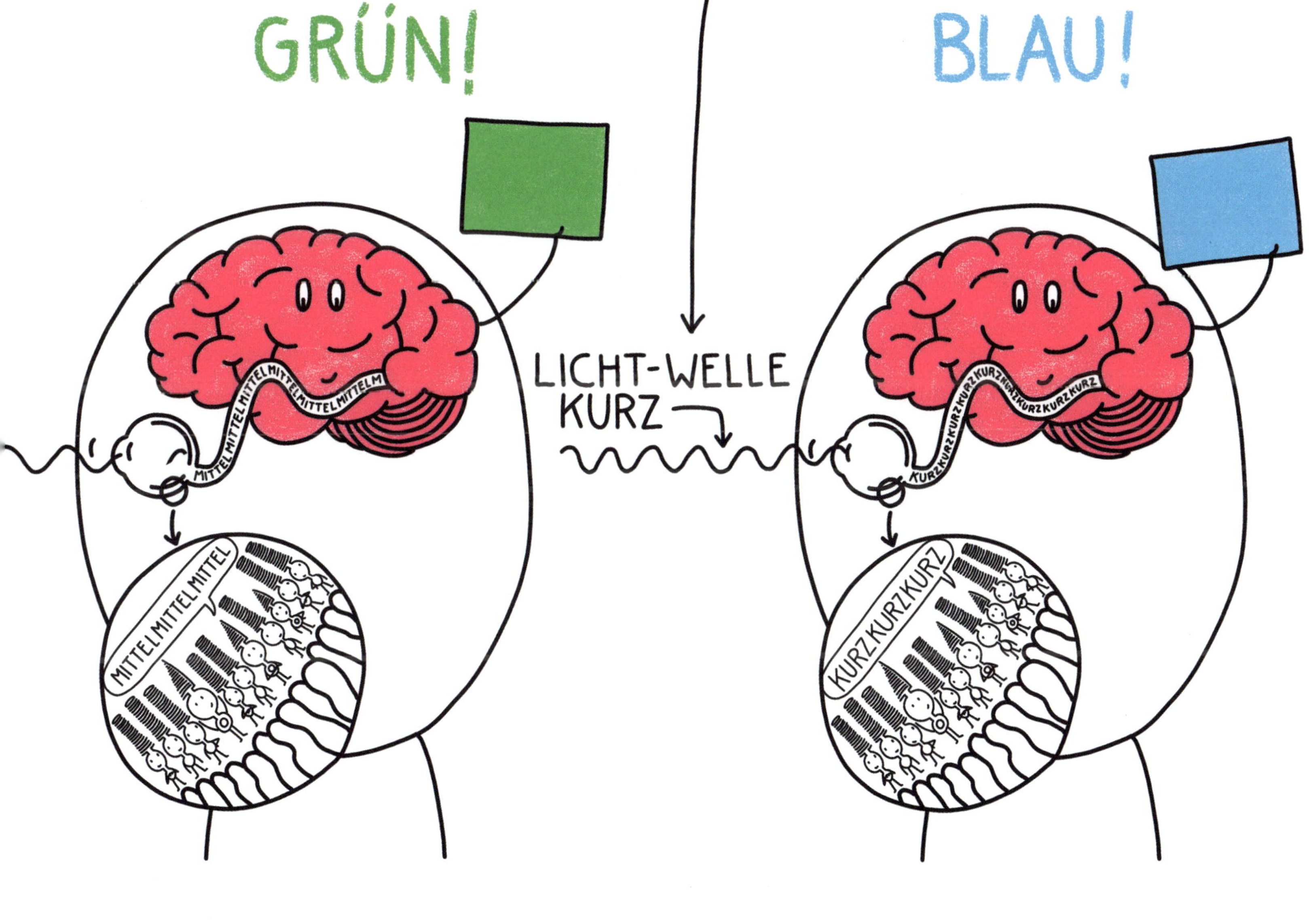

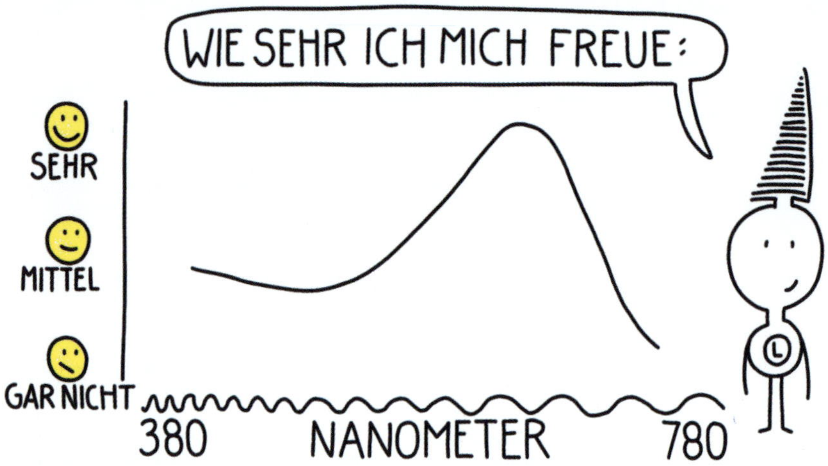

Aber die Zapfen-Typen, die freuen sich nicht nur über eine einzige Licht-Wellen-Länge. Sie freuen sich über einen ganzen Wellen-Bereich.

Und es freuen sich auch nicht immer nur entweder die K-Zapfen-Typen oder die M-Zapfen-Typen oder die L-Zapfen-Typen. Manchmal freuen sich auch alle drei zusammen. Oder nur zwei. Mal freuen sich die einen ganz arg – und andere nur ein bisschen.

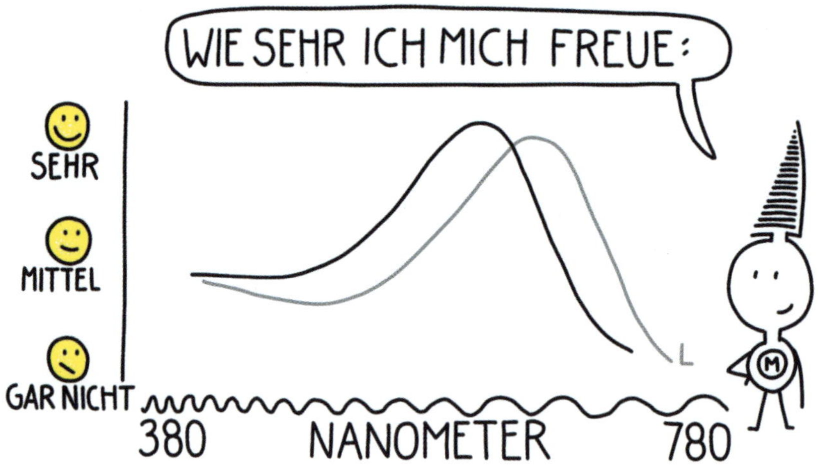

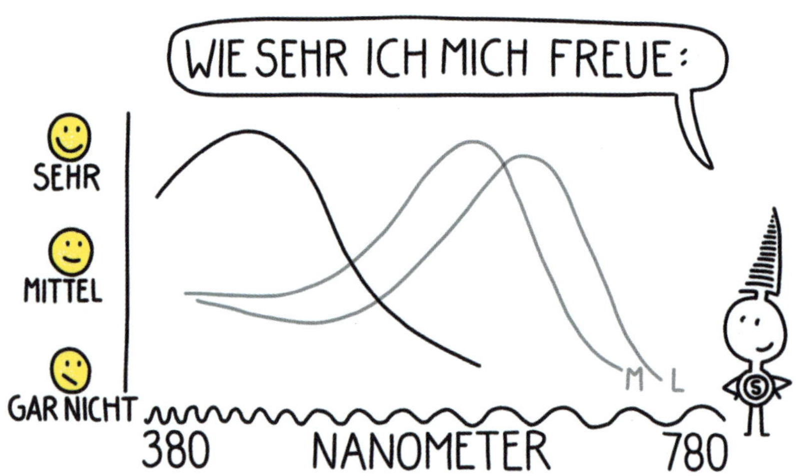

Je nachdem, wie sehr die Licht-Wellen in den Freude-Wellen-Bereich der Zapfen fallen.

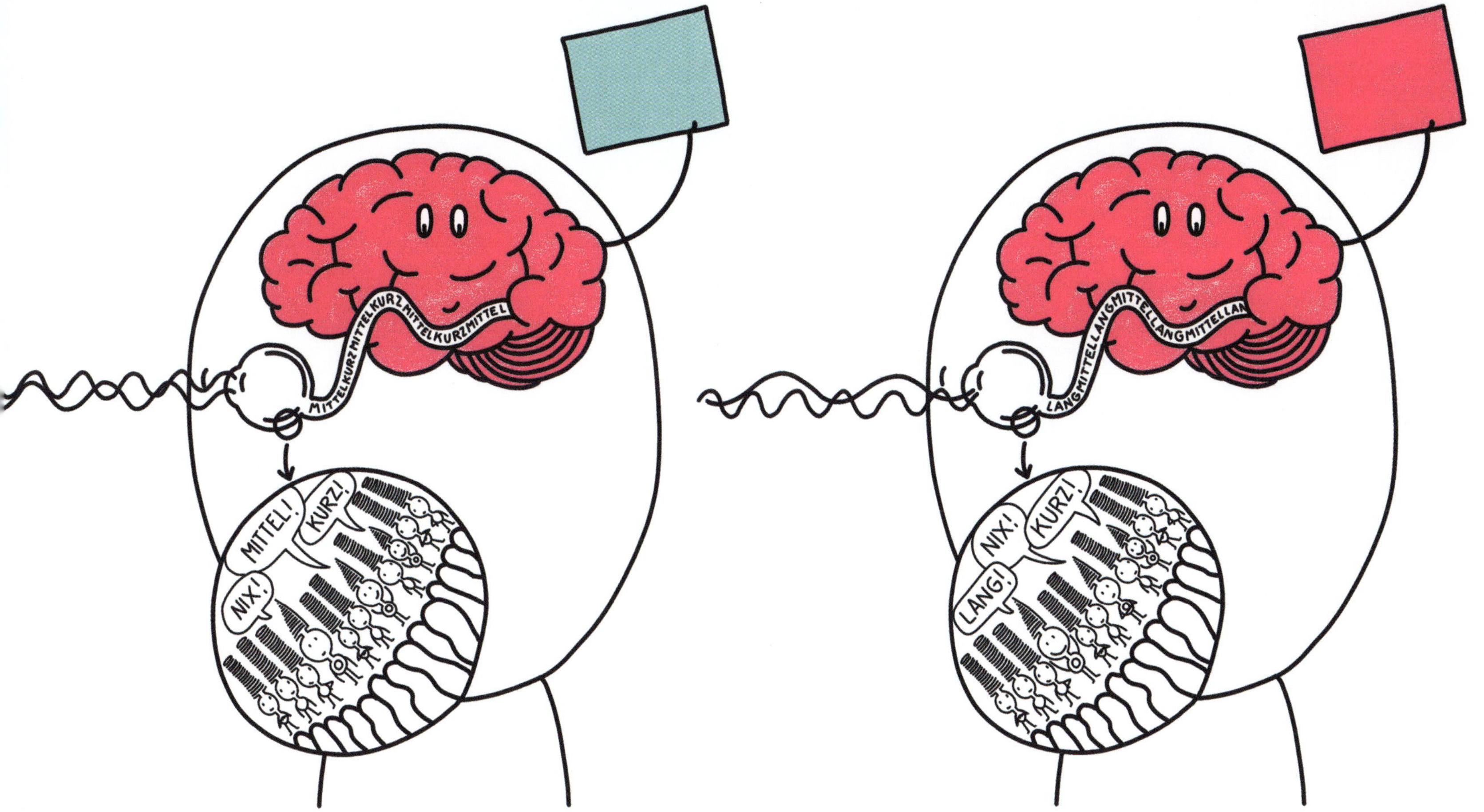

Und unser Gehirn? Das liest nicht nur die Signal-Botschaften, es checkt auch: Wer freut sich? Wer freut sich gar nicht? Und: Wer ist wie sehr aufgeregt? Aus alledem macht unser Gehirn …

UMBLÄTTERN

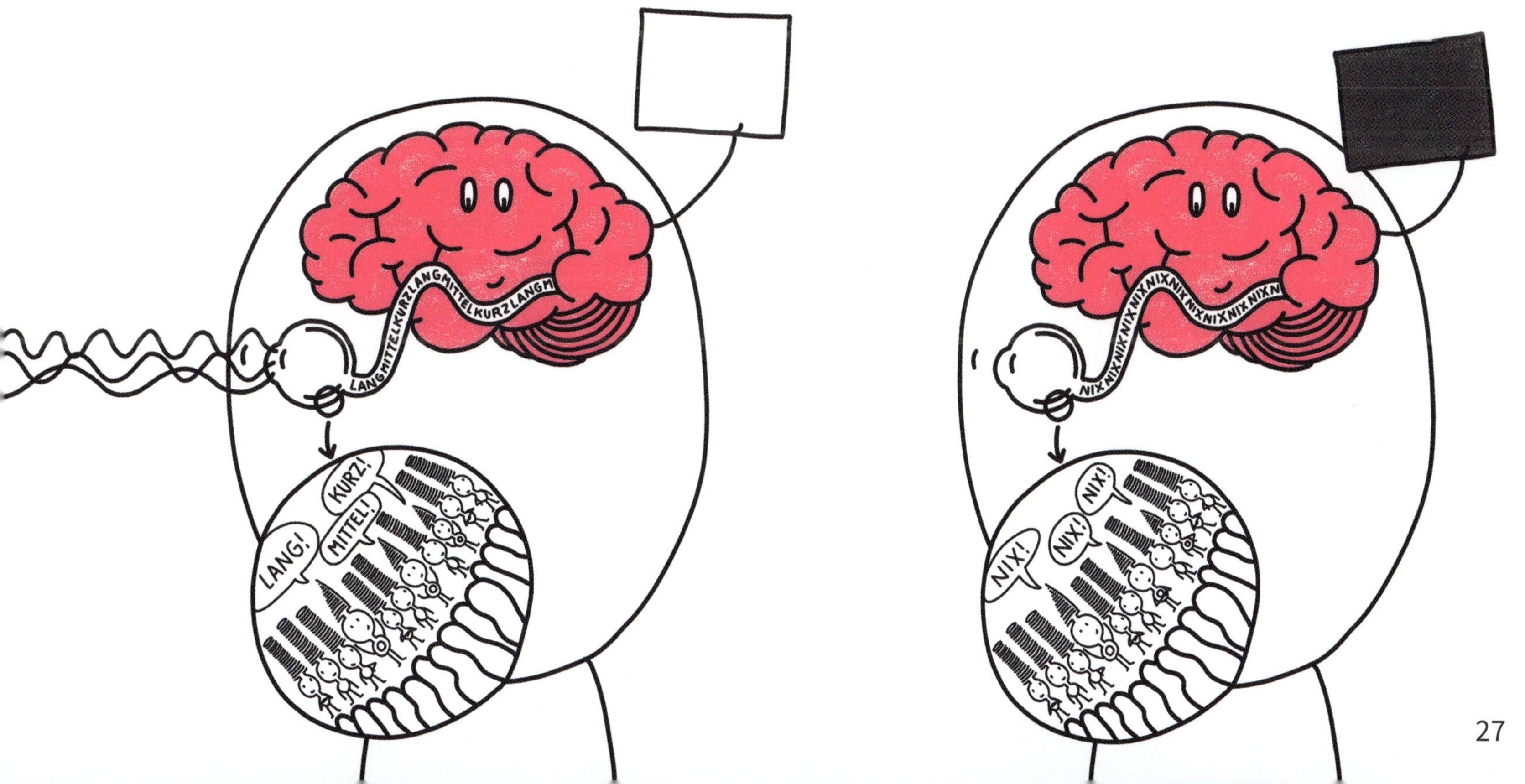

FARBEN

BiBiBiber: BOA!!! EY!!! WAAAS!!!! Moment mal. Das heißt ja, Dinge HABEN gar keine Farbe??? FARBE ist NUR in EUREM KOPF!!!!

Ja!!! Farbe ist eine Wahrnehmung in unserem Kopf. Und auch in Deinem. Und im Kopf von MoMoMöwe und OttoOtter auch. Sie ist nicht da draußen. Sie ist in unserem Kopf. Ein Zusammenspiel aus Licht, Licht-Umwegen, unseren Augen und unserem tollen Super-Gehirn.

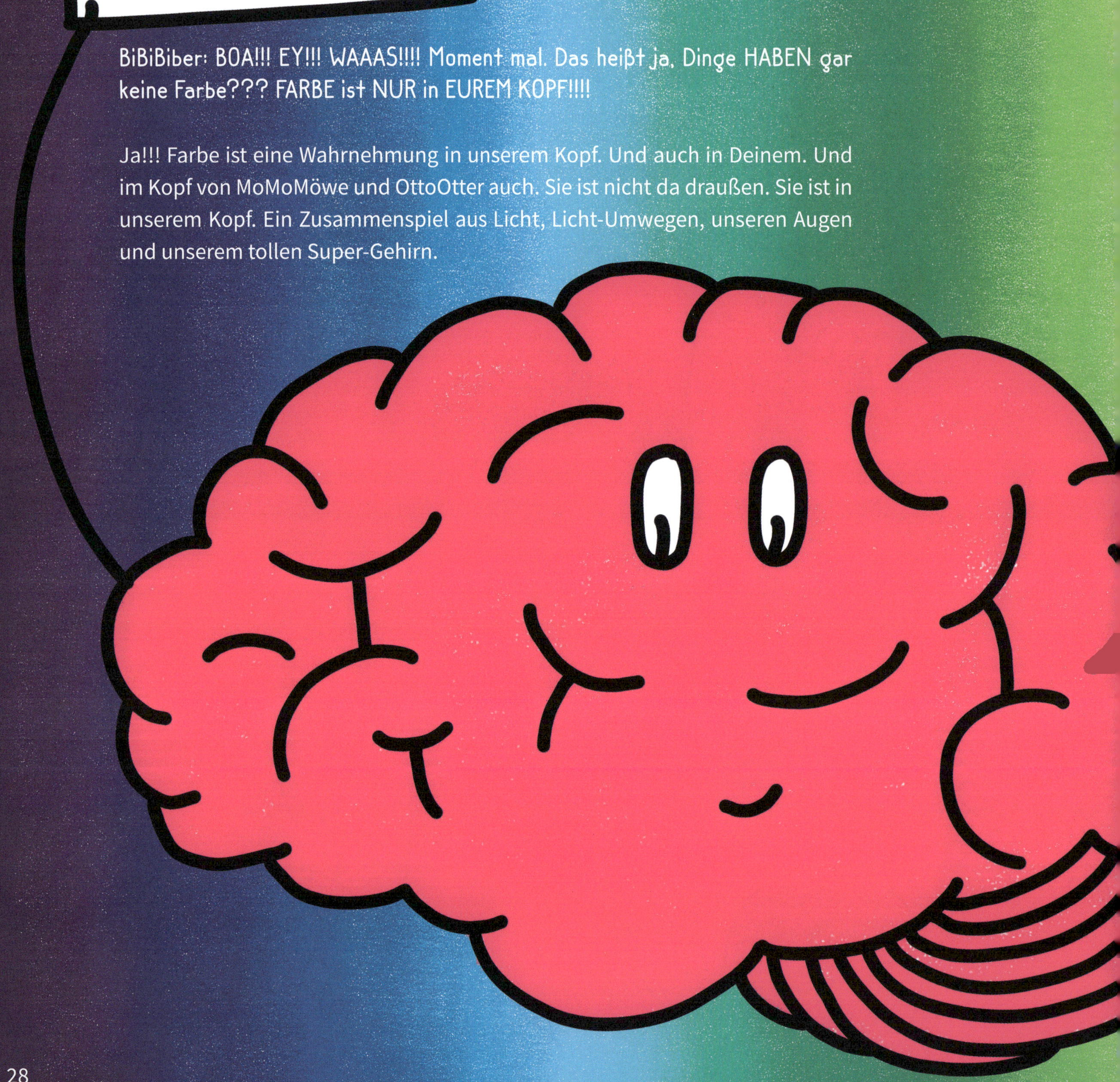

BiBiBiber: Und ich dachte immer, Farbe ist so an den Sachen dran. Dass diese Sachen das SIND!!! Aber es ist LICHT, das IN UNSEREM KOPF FARBE WIRD!!!

JA! Wir erkennen es einfach nicht richtig als LICHT. Weil es eben nicht so aussieht wie das Licht einer Glühbirne. Oder einer Kerze. Wir können ja nicht zu einem für uns grünen Baum-Blatt hingehen und die grüne Licht-Farbe mit einem Licht-Schalter an- und ausschalten. Wir können auch nicht zu einer für uns gelben Banane gehen und die gelbe Licht-Farbe wie eine Kerze auspusten. Und Du, Du kannst ja auch nicht die für Dich hell leuchtende Farbe von Deinem Surfbrett wegwischen. Aber ja! Auch das Blatt-Grün und das Bananen-Gelb und die Surfbrett-Leucht-Farbe – sind Licht. Licht, aus dem unser Kopf FARBE macht.

BiBiBiber: Und was ist, wenn mal das komplette Licht verschluckt wird? Wenn der Licht-Umweg alle Licht-Wellen auffuttert?

Dann wird es schwarz! Also in unserem Gehirn. Und es wird nicht nur schwarz. Es wird auch richtig warm. Also für den Licht-Umweg.

Komm, wir schauen uns mal zwei T-Shirts an. Die sind auch aus Teilchen. Hauptsächlich aus Stoff-Teilchen. Und aus Licht-Wellen-Schluck-Teilchen.

Das eine ist aus Licht-Wellen-Schluck-Teilchen, die keine Licht-Wellen verschlucken. Das andere ist aus Licht-Wellen-Schluck-Teilchen, die alle Licht-Wellen verschlucken.

Das Ich-Verschlucke-KEINE-Licht-Wellen-T-Shirt spuckt alle Licht-Wellen in unsere Augen. Deswegen erscheint es uns weiß. Und weil es selbst keine Licht-Wellen mit Krabumms-Energie drin verschluckt, wird es auch nicht warm.

Das Ich-Verschlucke-ALLE-Licht-Wellen-T-Shirt spuckt keine Licht-Wellen in unsere Augen. Deswegen erscheint es uns nicht nur schwarz. Es wird auch richtig warm. Eben weil es einfach alle Licht-Wellen mit der ganzen Krabumms-Energie verschluckt.

Und das merken wir auch, wenn wir uns im Sommer mit einem schwarzen T-Shirt in die Sonne setzen. Also wenn Du Dir mit OttoOtter und MoMoMöwe Euren Traum erfüllst und Ihr wirklich mal gemeinsam im Hochsommer ans Meer reist, dann pack besser nicht nur schwarze Klamotten ein.

BiBiBiber: Aber warum sind dann Eisbären weiß??? Wenn sie doch in der Kälte wohnen? Wäre es nicht besser, ihr Fell wäre ganz schwarz? Dann könnte es sie wärmen. Und Menschen, die dunklere Haut haben – wie können die überall auf der Welt leben? Auch da, wo es superheiß ist. Da, wo superviel Sonne scheint?

Beim Eisbär ist das so: Unter seinem Eisbär-Fell, da hat der Eisbär schwarze Haut. Wenn das Sonnenlicht mit allen Licht-Wellen drin auf das Eisbär-Fell trifft, wirft das Fell einen kleinen Teil der Licht-Wellen zurück. Und weil in dem zurückgeworfenen Licht alle Licht-Wellen-Längen gleichmäßig drin sind, erscheint der Eisbär für uns weiß.

BiBiBiber: Na, klar!!! Wegen der großen Eisbär-Fell-Licht-Umweg-Spuckerei!!! Deswegen erscheint er uns weiß!

Genau!!! Dafür reicht es schon, dass in dem zurückgeworfenen Licht alle Licht-Wellen-Längen gleichmäßig drin sind. Es müssen nicht immer ALLE zurückgeworfen werden. Es reicht schon, wenn einfach von allen Licht-Wellen welche dabei sind. Und das ist für unseren Eisbär natürlich total praktisch, weil er lebt ja im Eis und Schnee und würde sonst total auffallen.

Und weil eben nicht alle Licht-Wellen komplett vom Eisbär-Fell ausgespuckt werden, reisen die meisten durch das Eisbär-Fell weiter zur schwarzen Eisbär-Haut. Und die? Die macht genau das, was das schwarze T-Shirt auch macht: Sie wärmt den Eisbären.

Und bei den Menschen ist es so: In unserer Haut, da sind Teilchen mit einer richtigen Superkraft.
Erinnerst Du Dich noch an die unterschiedlichen Licht-Wellen? Die, die auch Menschen-Augen nicht sehen können? Da war doch auch diese Ultra-Violette-UV-Strahlung dabei, die für uns Menschen aber sogar gefährlich werden kann, wenn wir zu viel von ihr abbekommen.
Diese Ultra-Violette-UV-Strahlung steckt auch in unserem Sonnenlicht.
Genau wie Du sagst, gibt es Orte auf der Erde, da ist es „superheiß". Orte, an denen sehr viel Sonnenlicht ankommt. Klar, wo mehr Sonnenlicht ankommt, ist es auch heißer. Und da, wo mehr Sonnenlicht ankommt, da kommt auch mehr von der Ultra-Violetten-UV-Strahlung auf der Erde an.
SUPERHEISS
HEISS
SUPERHEISS
OH-OH!!!
Ja, aber zum Glück gibt es die Superkraft-Teilchen in der Menschenhaut!!! Denn die schlucken die gefährliche Ultra-Violette-UV-Strahlung einfach! Die machen kaputt, was uns kaputt macht!
UV-STRAHLUNG
MENSCHENHAUT
MACHT KAPUTT, WAS UNS KAPUTT MACHT!
⊗ IN ECHT NICHT PINK, IST JA KLAR! SIND NICHT-SICHTBARE LICHT-WELLEN

Ja, Du auch. Aber noch was. Komm, wir schauen uns noch mal unsere Banane an. Und, wie die für unser Mai-Und-Marie-Gehirn zu einer GELBEN Banane wird.

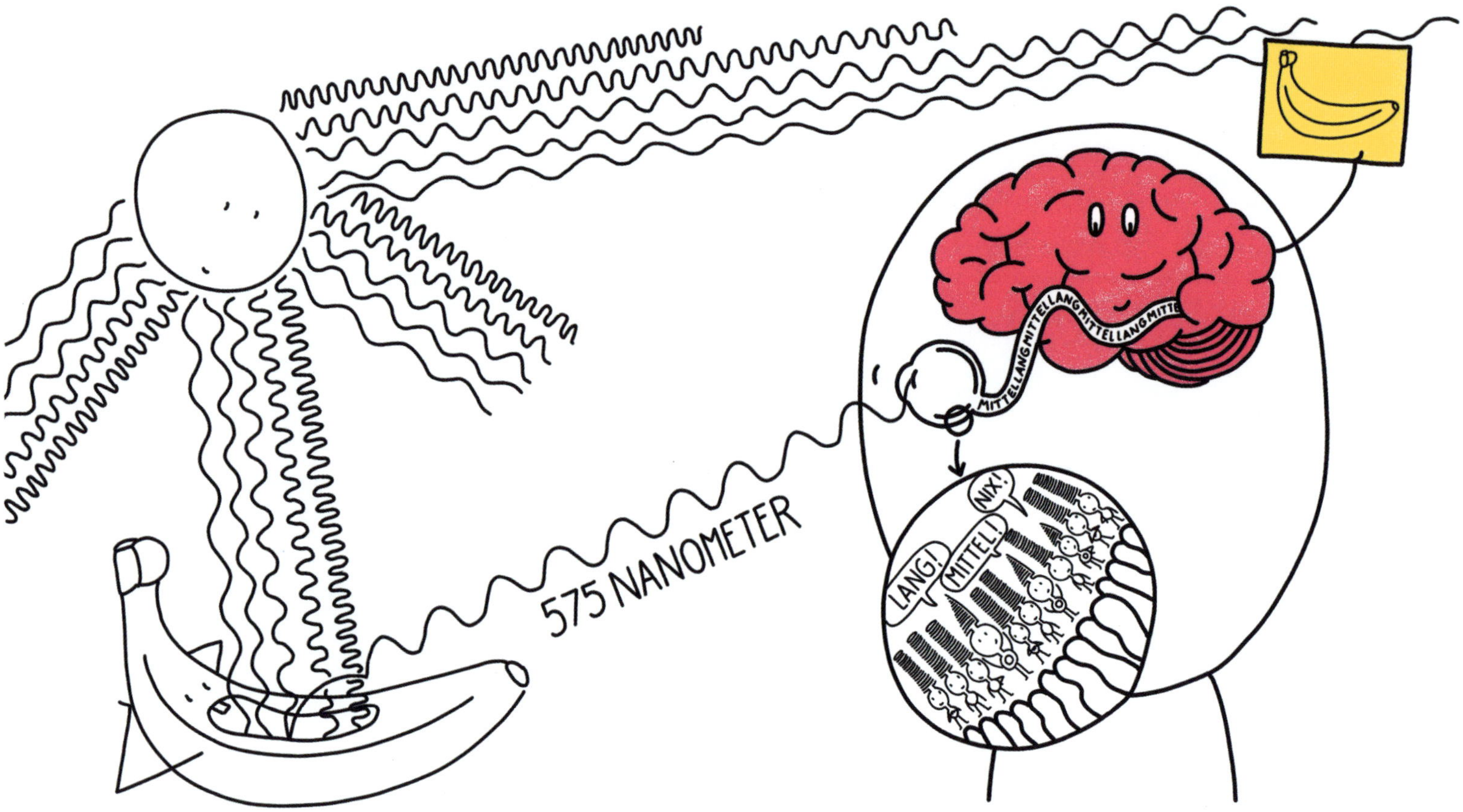

Wir wissen ja: Das Sonnenlicht trifft auf unsere Umweg-Banane, die futtert die meisten Licht-Wellen weg – aber eben nicht alle. Was übrig bleibt, sind Licht-Wellen, die ungefähr 575 Nanometer lang sind. Die treffen in unseren Menschen-Augen auf unsere Zapfen. Und da? Da freuen sich zwei Zapfen-Typen so richtig über das Bananen-Umweg-Licht: Die M- und die L-Zapfen-Typen. Den K-Zapfen-Typen, denen sind 575 Nanometer-Bananen-Licht-Wellen egal. Können sie gar nichts anfangen mit denen. Aber die M- und die L-Zapfen-Typen, die schicken aufgeregte Signal-Botschaften an unser Gehirn. Und so kommt bei unserem Gehirn die Nachricht „MittelLangMittelLangMittelLang“ an. Außerdem checkt unser Gehirn auch, dass die K-Zapfen-Typen gar keine Lust haben auf den Besuch. Und da weiß es sofort Bescheid:

K-ZAPFEN-TYPEN SIND RUHIG + M- UND L-ZAPFEN-TYPEN AM MITTEL-LANG-MITTEL-LANG-MITTEL-LANGMITTEL-LANG-BOTSCHAFTEN SCHICKEN =

GELB !!!

Deswegen sieht für uns die Banane gelb aus. Und wie wir jetzt ja wissen, eben nicht, weil das Gelb an ihr dran IST. Nicht, weil sie gelb IST.

BiBiBiber: Eigentlich könnte man ja auch sagen: Die Banane hat alle Licht-Wellen gefuttert, nur die für Euch gelben nicht. Also ISST sie sogar alles, außer Gelb!

Das ist witzig! Oh, und weißt Du, was auch ein bisschen witzig ist: Wir nehmen die Banane auch dann gelb wahr, wenn keine Für-Uns-Gelb-Aussehenden-575-Nanometer-Bananen-Wellen unsere Zapfen-Typen kitzeln. Wenn wir auf ein Handy schauen. Und da ist ein Foto von einer Banane. Dann sieht die für uns auch gelb aus.

BiBiBiber: Okay. Und was ist daran jetzt so witzig?

Na ja, es ist so.

Alles, was wir auf einem Handy-Bildschirm (oder auch einem Fernseh-Bildschirm oder einem Computer-Bildschirm) sehen, besteht aus grünen, roten oder blauen Punkten. Pixel heißen die. Wir müssten sehr, sehr, sehr nah rangehen und sie sehr, sehr, sehr stark vergrößern, aber dann könnten wir sehen:

Alles, wirklich alles: Fotos. Emojis. Nachrichten. Alles wird mit diesen Pixel-Punkten dargestellt. Mal sind es nur die roten. Mal nur die blauen oder grünen. Mal alle drei. Und mal eine Kombination aus nur zweien. Wobei auch die Pixel-Punkte ja gar nicht wirklich grün, rot oder blau sind.

BiBiBiber: Wellen-Längen sind die!!!

Genau. Aber von den Für-Uns-Gelb-Aussehenden-575-Nanometer-Bananen-Licht-Wellen sind gar keine dabei! Und jetzt schau mal, was passiert, wenn wir unsere Bildschirm-Banane vergrößern. Sie besteht aus zwei der drei Pixel-Punkten. Den für uns roten. Und den für uns grünen. Und wenn diese Licht-Wellen auf unsere Zapfen treffen, dann freuen sich zwei Zapfen-Typen so richtig über das Bananen-Bildschirm-Licht. Die M- und die L-Zapfen-Typen. Sie schicken aufgeregte Signal-Botschaften an unser Gehirn. Weißt Du welche?

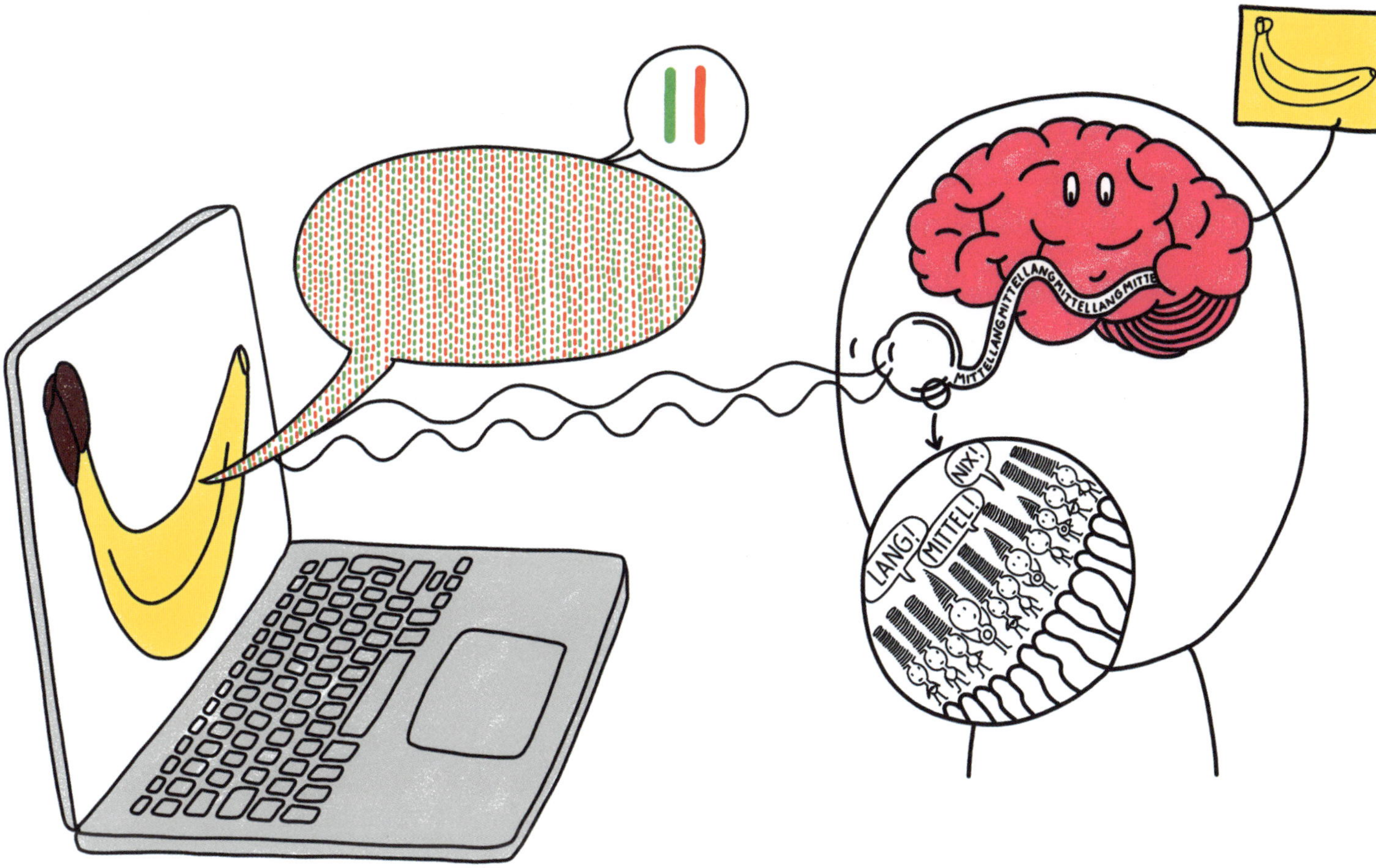

BiBiBiber: MittelLangMittelLangMittelLangMittelLangMittelLangMittelLangMittelLangMittelLang - MittelLangMittelLangMittelLangMittelLang!

Genau. Und die K-Zapfen-Typen? Die machen wieder nichts. Und unser Gehirn? Das checkt auch wieder sofort:

K-ZAPFEN-TYPEN SIND RUHIG + M- UND L-ZAPFEN-TYPEN AM MITTEL-LANG-MITTEL-LANG-MITTEL-LANGMITTEL-LANG-BOTSCHAFTEN SCHICKEN =

GELB !!!

Und so sieht auch die Bildschirm-Banane für uns GELB aus. Unser Gehirn macht also aus EINER Licht-Welle mit 575 Nanometern genauso GELB wie aus ZWEI Licht-Wellen mit 700 und 500 Nanometern. Und wir? Wir merken keinen Unterschied!

BiBiBiber: Okay! Das ist wirklich witzig! Aber warum sieht für Euch die Banane überhaupt gelb aus? Oder ein Baum-Blatt grün? Oder die Blume rot? Mein Gehirn sagt mir: Das Baum-Blatt ist ein bisschen dunkler, die Blume ein bisschen heller und die Banane noch ein bisschen heller. Ich sehe ja Farben. Aber bunt sehen die für mich nicht aus. GRÜN oder GELB oder ROT, sagt mein Gehirn nicht!!! OttoOtters Gehirn sagt, das Blatt würde hellbraun aussehen. Die Banane noch ein bisschen heller-hellbraun. Und die Blume so hellgrün. Und MoMoMöwe sagt, dass auf der Blume ein Muster ist, das wir alle nicht sehen. Was ist denn da los?

Manche Menschen sagen, dass Menschen, die Zwei-Zapfen-Augen haben, FARBENBLIND sind. Wir finden das QUATSCH MIT SOSSE!!! Sie sehen ja sehr wohl Farben, aber einfach anders als unsere Mai-Und-Marie-Augen zum Beispiel.

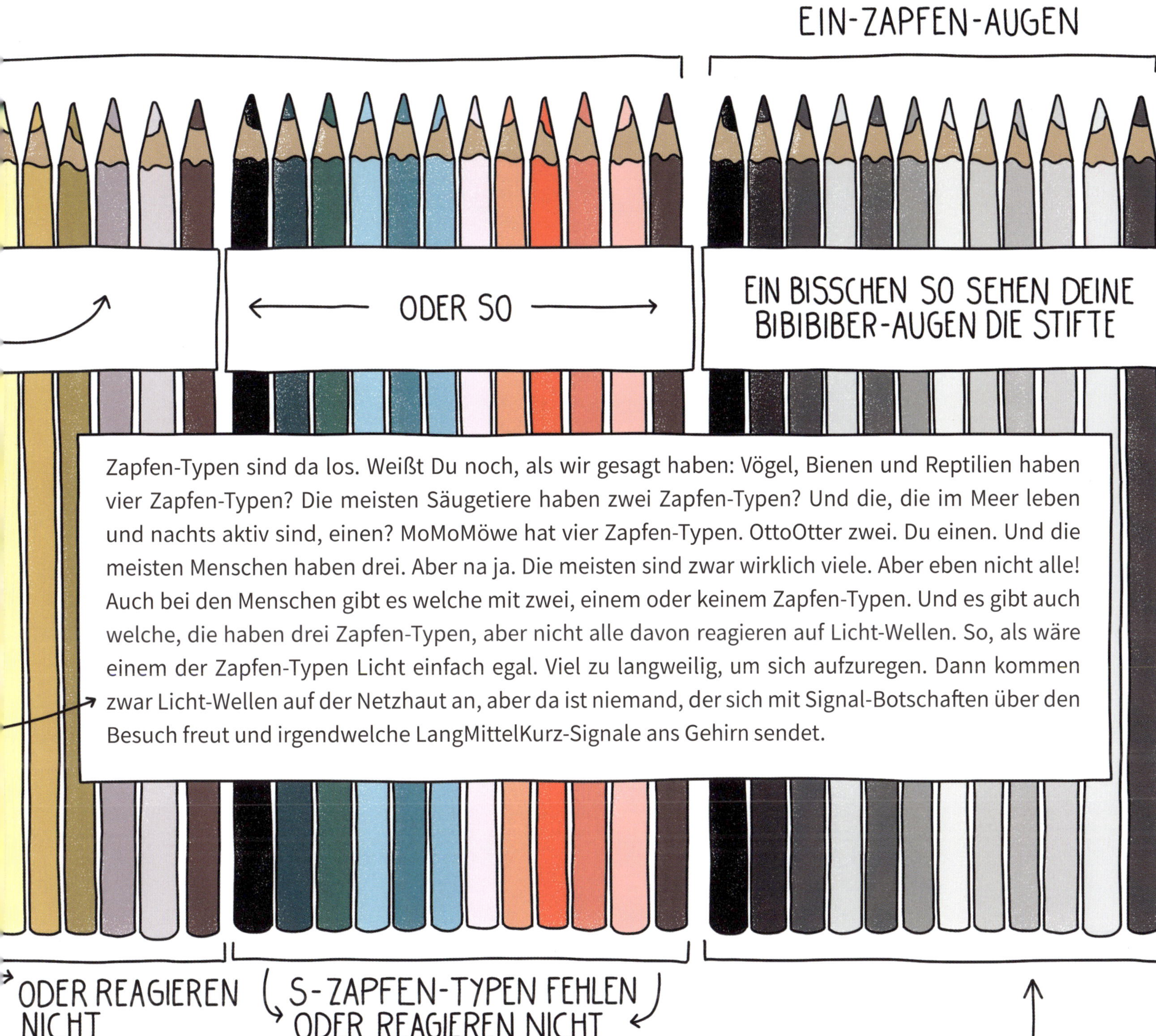

Zapfen-Typen sind da los. Weißt Du noch, als wir gesagt haben: Vögel, Bienen und Reptilien haben vier Zapfen-Typen? Die meisten Säugetiere haben zwei Zapfen-Typen? Und die, die im Meer leben und nachts aktiv sind, einen? MoMoMöwe hat vier Zapfen-Typen. OttoOtter zwei. Du einen. Und die meisten Menschen haben drei. Aber na ja. Die meisten sind zwar wirklich viele. Aber eben nicht alle! Auch bei den Menschen gibt es welche mit zwei, einem oder keinem Zapfen-Typen. Und es gibt auch welche, die haben drei Zapfen-Typen, aber nicht alle davon reagieren auf Licht-Wellen. So, als wäre einem der Zapfen-Typen Licht einfach egal. Viel zu langweilig, um sich aufzuregen. Dann kommen zwar Licht-Wellen auf der Netzhaut an, aber da ist niemand, der sich mit Signal-Botschaften über den Besuch freut und irgendwelche LangMittelKurz-Signale ans Gehirn sendet.

So nehmen übrigens Delfine und Wale Farben wahr. Wenn Du mit OttoOtter und MoMoMöwe wirklich mal zum Meer reist, wenn Euer Surf-Traum wahr wird und Ihr mit Delfinen und Walen durch die Wellen tobt, dann sehen sie das Meer so. Denn für Delfine und Wale ist das Meer auch nicht blau. Für sie sieht das Meer aus wie für Dich auch.

BiBiBiber: Und wenn die Augen gar keine Zapfen-Typen haben?

Dann kommt es auf die Stäbchen an. Erinnerst Du Dich? Das sind die, von denen es nur eine Art gibt. Und eben weil es nur eine Art von diesen Stäbchen gibt, reagieren die auch auf alle Licht-Wellen. Aber eben nicht mit Lang-, Mittel-, Kurz- oder Superkurz-Signal-Botschaften!

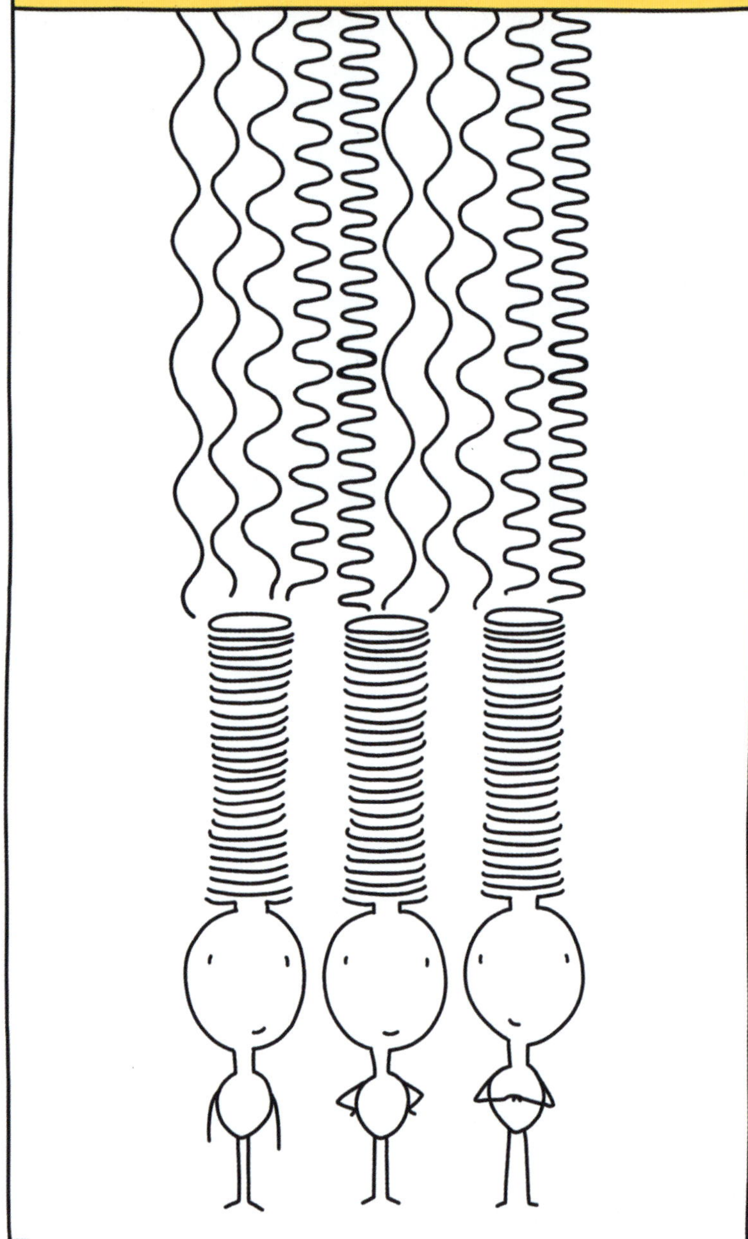

Sondern mit: Ja oder Nein. Sie melden an das Gehirn so was wie: „JaJaJaJaDochJa – da kommt was an!“ Oder: „NeNeNeNeNeNeNein, da kommt nichts!“ Und das Gehirn? Das macht daraus unterschiedliche Hell- und Dunkel-Töne.

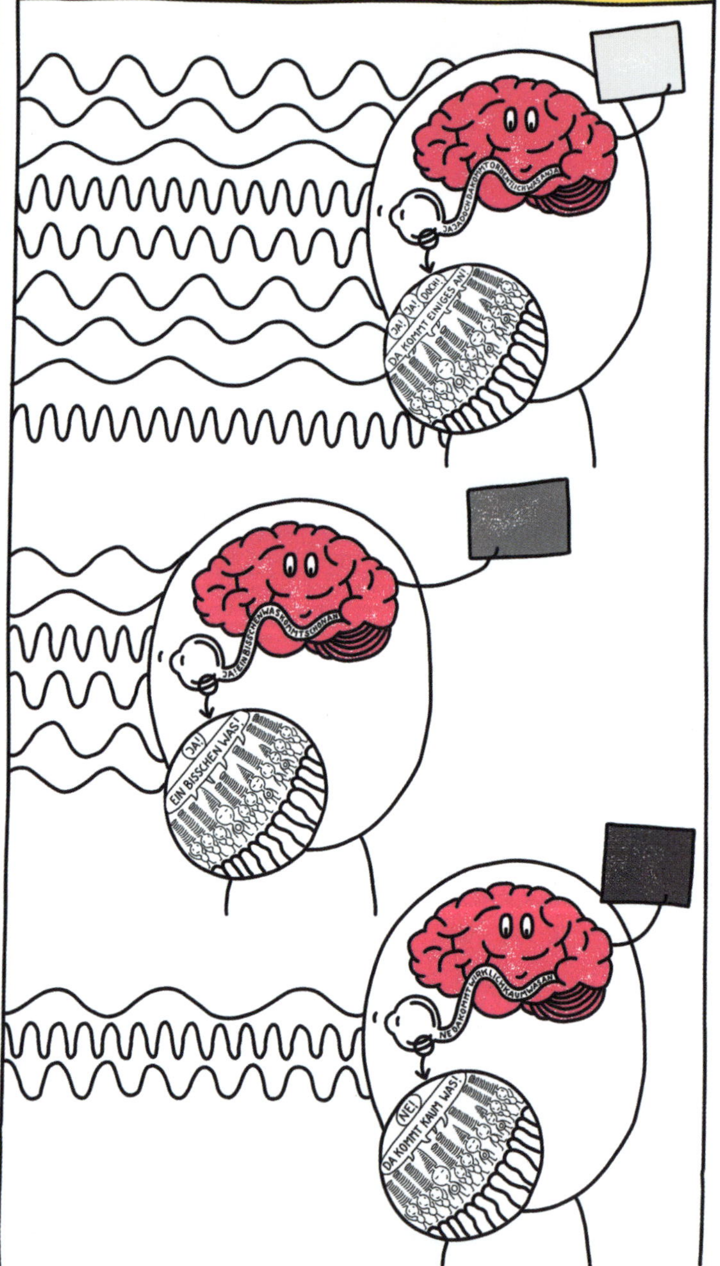

BiBiBiber: Und habt Ihr nicht gesagt, dass die Stäbchen so was wie Euer Nachtsichtgerät sind?
Ja, genau. Die Zapfen-Typen brauchen alle richtig viel Licht, um sich zu freuen. Wenn es dunkler wird, wenn es abends dämmert, dann kommt immer weniger Licht bei den Zapfen-Typen an. Und irgendwann ist es einfach zu wenig. Dann sehen auch die Augen, die Zapfen-Typen haben, nur noch mit den Stäbchen.
Zzzzzzzzz
Zzzzzzzz
Zzzz
Ja, abends in der Dämmerung, da wird auch für Zapfen-Typen-Augen die Welt nach und nach Stäbchen-Hell-Dunkel-Tönig. Bis das Licht irgendwann ganz weg ist. Dann sehen auch die Stäbchen nichts mehr. Ohne Licht sehen alle Augen nichts.

BiBiBiber: Und gibt es auch Augen, die keine Zapfen und keine Stäbchen haben?

Ja. Es gibt Augen, die keine Zapfen-Typen und keine Stäbchen haben. Oder solche, die nur sehr wenig Lust auf Licht-Wellen haben und daher nur sehr wenige Signale senden. Oder sie werden krank oder durch einen Unfall verletzt und reagieren überhaupt nicht mehr auf Licht-Wellen-Besuch. Wir sprechen dann von Blinden. Es gibt blinde Menschen, die leichte graue Umrisse sehen. Andere sehen gar nichts. Manche haben mal gesehen und sehen jetzt nichts mehr. Andere sind blind auf die Welt gekommen.

BiBiBiber: Sehen Menschen, die gar nichts sehen, dann immer Schwarz?

Nein, sie sehen nichts. Schwarz ist ja auch etwas. Sie sehen aber nichts. Kein Schwarz, kein Weiß, keine Farbe, kein Licht. Nichts. Wenn die Augen keine Signal-Botschaften ans Gehirn senden, dann kann da auch kein Bild und keine Farbe entstehen. Es ist ein bisschen so, als würden wir fragen: Was siehst Du mit Deiner Nase? Oder: Kannst Du mit Deinen Ohren nur Schwarz sehen?

$6H_2O + 6CO_2 \rightarrow C_6H_{12}O_6 + 6O_2$

BiBiBiber: Dann wissen blinde Menschen also auch nicht, wie ROT oder GRÜN oder GELB oder so aussehen?

Blinde Menschen wissen schon, dass eine Banane gelb ist. Oder eine Tomate rot. Aber eben, weil sie es – wie Du jetzt auch – gelernt haben. Erlebt haben sie das Tomaten-Rot nicht. Nur, wenn sie früher mal gesehen haben, dann erinnern sie sich manchmal daran, wie die Farben ausgesehen haben. Ein bisschen so, wie Du noch weißt, wie OttoOtter riecht, auch wenn er schon lang nicht mehr neben Dir sitzt.

BiBiBiber: Ich liebe Erinnerungs-Gerüche! Von OttoOtter, aber auch von knackigen Knospen!! Oh, wie wohlig duften Weiden! Und frisch angeknabbertes Weich-Holz – das riecht wirklich superlecker!!!

Oh ja! Erinnerungen sind auch so eine superspannende Gehirn-Geschichte. Und sie sind einfach superunterschiedlich.

Die einen erinnern sich nach einem Ausflug durch den Wald an den wohligen Weiden-Duft. Andere an einen Fliegenpilz. Oder daran, wie das Licht durch die Bäume fiel. Und wieder andere freuen sich darüber, wie die Blätter im Wind rascheln. Oder wie die Vögel zwitschern. In Deiner Erinnerung strahlt der Wald in hellen und dunklen Tönen. Bei OttoOtter rascheln hellbraune Blätter. Bei uns ist alles grün. Und MoMoMöwe, ja, die erinnert sich an Muster auf Blumenblüten, die für uns einfach nur rot aussehen.

BiBiBiber: Weil MoMoMöwe mit ihren vier Zapfen-Typen dieses Ultra-Violett sehen kann!!! MoMoMöwe hat wirklich SUPER-ZAPFEN-AUGEN!!!

Es gibt sogar Augen, die haben noch mehr Zapfen-Typen!

BiBiBiber: FÜNF?!?!?!

Mehr.

BiBiBiber: SECHS?!?!?!

Mehr.

BiBiBiber: SIEBEN?!?!?!

Mehr.

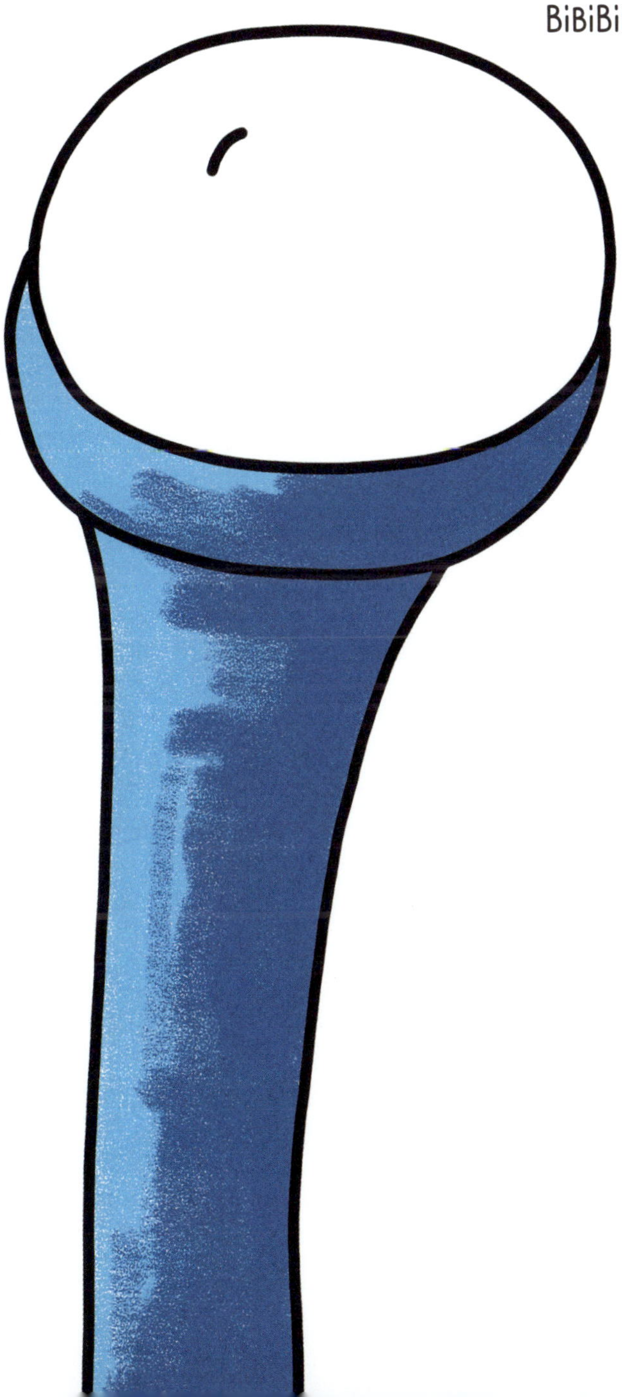

BiBiBiber: ACHT?!?!?!

Mehr.

BiBiBiber: NEUN ...

Zwölf! Es sind ZWÖLF! Wobei die nicht Zapfen genannt werden, sondern einfach nur Farbrezeptoren. Und weißt Du was? Diese Zwölf-Zapfen-Farbrezeptoren-Augen, die gehören einem Clown!

Bunt ist er, dieser Clown-Fangschreckenkrebs. Sein Körper ist mit farbenprächtigen Mustern geschmückt. So, als hätte er sich extra schick gemacht, um eine Runde im bunten Korallenriff-Club feiern zu gehen. Und wenn er mit seinen langen Stielaugen scheinbar vollkommen unvorhersehbare Bewegungen macht, sieht er schon auch irgendwie witzig aus. Aber unterschätze ihn mal lieber nicht. Denn dieser kleine bunte Clown ist ein knallharter Boxer. Wer ihn einfängt und wegen seiner bunt-witzigen Schönheit in ein Aquarium einsperren will, sollte vorsichtig sein. Denn sein Box-Schlag, der hat es in sich. Und kann mit seiner Wucht Aquarium-Glas-Wände brechen.

BiBiBiber: BOA! Superkrass!!!

Ja. Und seine beiden dreigeteilten, sich witzig schnell bewegenden Augen, die sind auch superkrass!

BiBiBiber: Weil die haben 12 Zapfen!!! Äh, ich mein natürlich Farbrezeptoren! Richtige Super-Krasse-Super-Augen hat der Clown!!!

Ja, das stimmt schon. Aber weißt Du was? Eigentlich könnte unser Clown mit seinen Super-Krassen-Super-12 Zapfen-Farbrezeptoren-Augen KRASSE Farben sehen – mehr noch als MoMoMöwe –, macht er aber nicht.

BiBiBiber: Hä? Aber warum? Ich dachte, wer mehr Zapfen oder Farbrezeptoren hat, kann auch mehr Farben sehen?!?! Und wer Farben sehen kann, kann sie doch auch unterscheiden?

Wahrscheinlich will sein Gehirn lieber schneller sehen – als Farben sehen. Beziehungsweise als Farben zu unterscheiden. Also ein bisschen so, als würde jetzt die Tür aufgehen und sehr viele bunte Wesen kommen reingestürmt. Die würde er wahrscheinlich einfach ein bisschen schneller sehen als wir. Und dabei würde er dann halt nicht ganz genau unterscheiden zwischen einem gelben Wesen und einem dunkelgelben Wesen. Der Clown-Fangschreckenkrebs fragt sich wahrscheinlich eher: Wie kann ich möglichst viele verschiedene Wellen-Längen möglichst schnell sehen? Wie bunt die genau sind, ist ihm einfach egal!

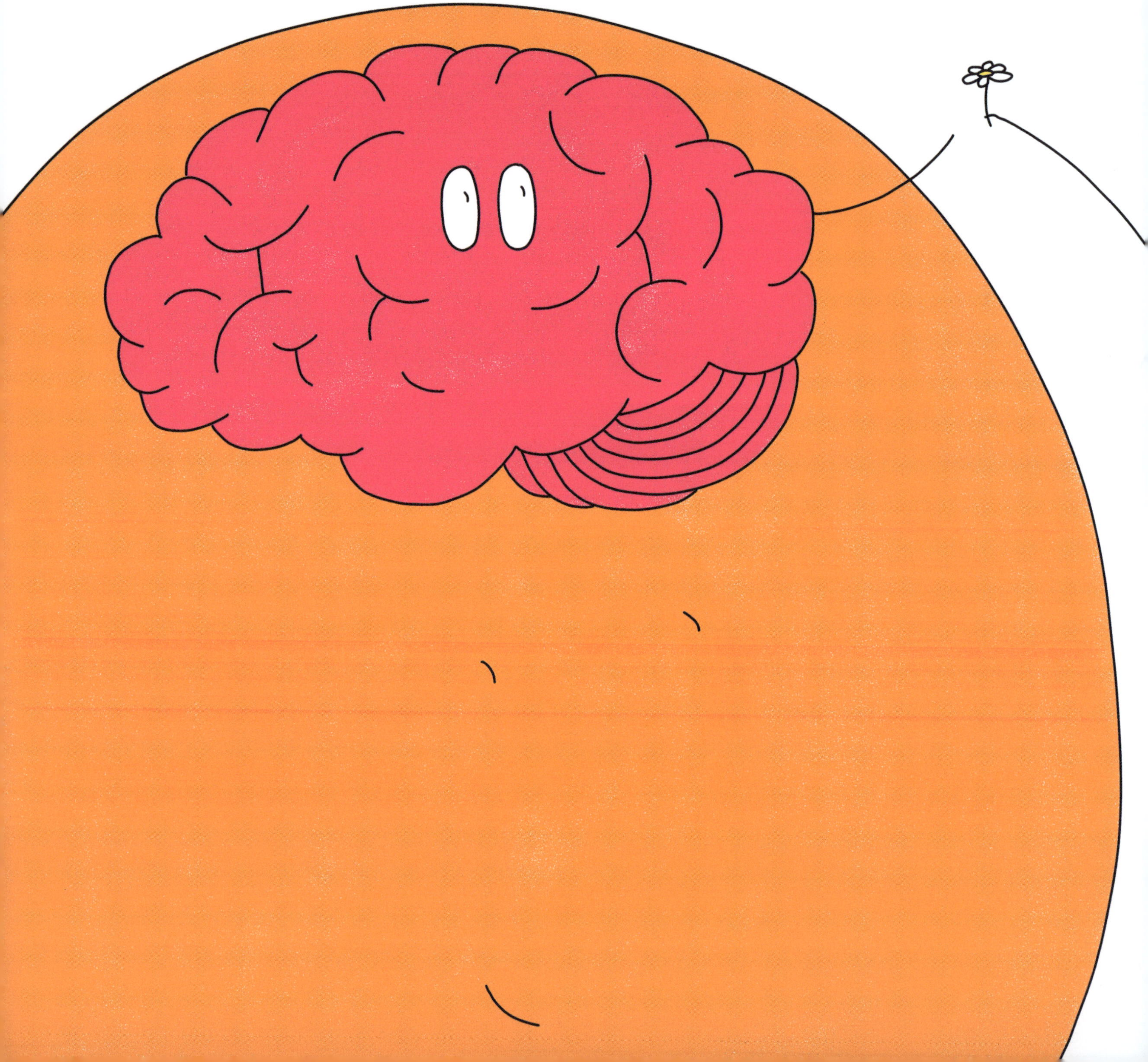

BiBiBiber: Irgendwie schon ein cooler Clown. Sieht immer aus, als gäbe es was zu feiern. Lebt im Korallen-Club. Lässt sich nicht einsperren. Und dieses KANN ICH, WILL ICH ABER NICHT-Motto ist schon ein bisschen lässig.

Ja! Das ist wirklich lässig. Aber aussuchen tut sich der coole Clown das nicht. Es ist nicht so, dass er mit seinen Augen superviele Farben unterscheiden könnte und sich ganz bewusst dagegen entscheidet. Es ist nicht so, wie wenn Du Deinen Biber-Bau aufräumen sollst – und ja auch aufräumen kannst –, Dich aber dagegen entscheidest und stattdessen lieber eine Runde surfen gehst. Wir können uns ja auch nicht aussuchen, dass wir ab morgen mit unseren Drei-Zapfen-Augen nur noch mit den Stäbchen sehen. Das Sehen, das passiert einfach so. Unsere Augen und unser Gehirn arbeiten zusammen, ohne dass wir da was zu melden haben.

Ja, klar: Die Farbe entsteht in unserem Kopf. Bei Dir sieht sie hell und dunkel aus. Bei uns bunt. Und beim Clown entsteht sie eben vielleicht schneller, aber weniger bunt. Deswegen können wir jetzt aber ja nicht einfach hingehen und uns denken: ICH KÖNNTE, DESWEGEN WILL ICH JETZT was ganz anderes in meinem Kopf sehen. Nur, weil die Augen von unserem Clown-Fangschreckenkrebs etwas KÖNNTEN, heißt es eben noch lange nicht, dass er es auch wirklich KANN. Und das ist bei uns ganz genau so! Nur, weil etwas „nur" in unserem Kopf ist (wie zum Beispiel Farben), und unser Körper EIGENTLICH etwas anderes KÖNNTE (wie zum Beispiel nur mit Stäbchen sehen), heißt das eben nicht, dass wir uns einfach etwas anstrengen müssen und dann wird das schon. Nein. Unser Kopf-Kino ist kein Wunschkonzert.

BiBiBiber: Wäre schon irgendwie schön, so ein Wunschkonzert-Kino-Kopf! Aber ich bin jetzt richtig dankbar für mein Gehirn. Weil es mir aus Licht-Wellen so wunderschön leuchtende Hell-Dunkel-Bilder macht! Und das einfach so. Ohne dass ich darüber nachdenke. Oder mich wie beim Aufräumen dafür aufraffen muss.

Ja. Echt. Danke an unsere Super-Krassen-Super-Gehirne! Eh und immer. Aber auch dafür, dass sie so toll mit dem Licht, den Licht-Umwegen und unseren Augen zusammenspielen. So, dass wir ganz ohne Aufrafferei Farben wahrnehmen können.

BiBiBiber: Warum sagen wir dann überhaupt, dass wir mit unseren Augen sehen? Und nicht mit unserem Gehirn?!? Eigentlich SEHEN wir doch mit unserem Super-Krassen-Super-Gehirn!!!

Ja, irgendwie schon. Deswegen sagen auch viele Menschen, die zum Sehen und zu Farben forschen, gar nicht SEHEN, wenn sie über Farbe sprechen. Sondern: WAHRNEHMEN. Weil wir eben nicht mit unseren Augen FARBE sehen, die DA IST. Da, also so richtig messbar und so, sind nur Licht-Wellen. Farbe aber nicht. FARBE ist eine Wahrnehmung, die in unserem Super-Krassen-Super-Gehirn entsteht, wenn Zapfen auf Licht-Wellen reagieren und Signal-Botschaften schicken.

BiBiBiber: Dann sollte dieser kleine Prinz vielleicht besser sagen: „Man sieht nur mit dem Gehirn gut, das WESEN TLICHE ist für das Auge unsichtbar!"

Ja. Wobei der kleine Prinz mit dem WESENTLICHEN wahrscheinlich nicht die Farben gemeint hat. Sondern das, was wirklich wichtig ist.

BiBiBiber: Was ist denn wirklich wichtig?

Mmmh, das ist für alle ein bisschen unterschiedlich. Aber meistens sind es nicht die Dinge, die viel kosten. Sondern die, die kostbar sind.

BiBiBiber: Ah, ich hatte erst verstanden, das WESEN „TLICHE" und mich gefragt, wer dieses Wesen sein soll? Und was ist „Tliche" für ein wundersamer Name!?!

Also, wenn es dieses Wesen „Tliche" geben würde, dann hätte es die wesentlichsten Dinge im Gepäck. Aber was die Farben betrifft, hast Du natürlich recht. Die nehmen wir nur in unserem Kopf wahr. Und in unseren Mai-Und-Marie-Menschen-Köpfen, da nehmen wir manchmal auch Farben wahr, die gar nicht da sind. Oder wir nehmen eine Farbe wahr, obwohl die Licht-Wellen eine ganz andere Wahrnehmung auslösen sollten. Komm, wir glauben, es ist Zeit, noch mal …

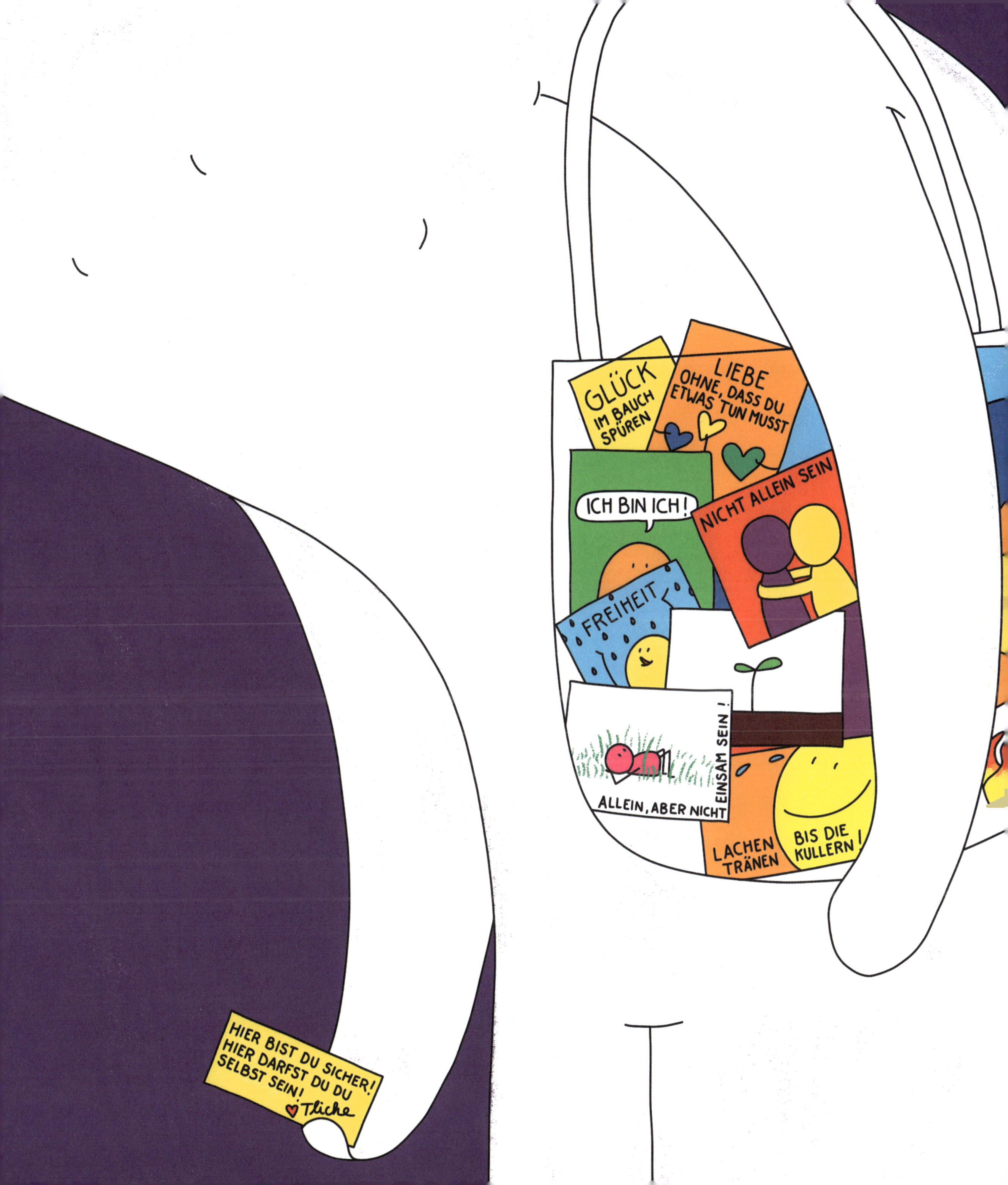
GLÜCK
IM BAUCH SPÜREN
LIEBE
OHNE, DASS DU ETWAS TUN MUSST
ICH BIN ICH!
NICHT ALLEIN SEIN
FREIHEIT
ALLEIN, ABER NICHT EINSAM SEIN!
LACHEN BIS DIE TRÄNEN KULLERN!
HIER BIST DU SICHER!
HIER DARFST DU DU SELBST SEIN!
Tliche

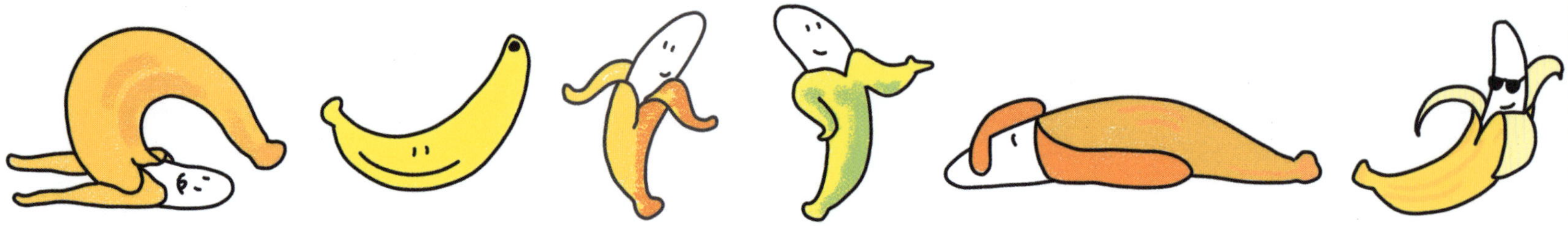

BiBiBiber: Ich weiß es!!! Ich weiß es!!! Immer, wenn Ihr das sagt, dann ist BANANEN-ZEIT!!!

BANANEN-ZEIT!!!

Genau! Weil unser Super-Gehirn ist nicht nur super im Licht-Wellen-Signale verstehen. Es ist auch eine super Drumherum-Erkennungs-Maschine. Denn so eine Banane, die können wir ja mal in der Morgensonne und mal im Schatten sehen. Mal sehen wir sie unter grellem Einkaufsladen-Licht. Und mal unter gemütlichem Glühbirnen-Licht. Wenn wir mit unseren Drei-Zapfen-Augen mal ganz genau hinschauen würden, wenn wir uns bei jedem Mal Banane-Sehen fragen würden:

Welche Farbe hat diese Banane? Dann wäre die Antwort: Na ja. Kommt drauf an. Mal sieht sie grünlich aus. Mal saftig-gelb. Mal eher gräulich. Und mal eher orange. Aber wenn uns jemand fragt: Welche Farbe hat diese Banane? Sagen wir – und unser Gehirn – immer:

GELB !!!

Unser Gehirn schaut sich nämlich nicht nur die Banane an. Sondern auch alles andere um die Banane drumherum. Es erkennt Schatten. Oder Glühbirnen-Licht. Checkt, welche Licht-Wellen verschluckt und welche ausgespuckt werden. Und bastelt daraus eine Farb-Wahrnehmung.

Was glaubst Du, passiert in unserem Super-Gehirn, wenn wir uns das Karo-Feld mit unserem hungrigen Eisbär anschauen? Haben die beiden Felder mit den Eis-Flecken drauf die gleiche Farbe? Ist eins heller? Oder dunkler?

Für uns sieht es so aus, als wäre das Feld mit dem Eis-Fleck oben dunkler als das Feld mit dem Eis-Fleck unten. Das ist aber nicht so. Wenn wir mit einer Schablone alles abdecken, nur diese beiden Felder nicht, dann sehen wir auf einmal: Oh. Die Farbe ist ja genau gleich!!!

BiBiBiber: Was ist denn da los? Wieder diese Zapfen-Typen?

Unser Gehirn ist da los. Es hat sich auch hier wieder nicht nur die einzelnen Felder angeschaut, sondern auch alles drumherum. Und weil es so aussieht, als würde unser Eis essender Eisbär einen Schatten auf die Felder werfen, hat unser Gehirn wieder angefangen zu basteln. Die Sache ist aber die: Da ist gar kein Schatten. Es sieht nur so aus. Und deswegen fällt unser Gehirn hier quasi auf einen Schatten-Trick rein. Und dieser Schatten-Trick ist wie eine Art Schatten-Beweis dafür, dass die Farbwahrnehmung wirklich in unserem Kopf entsteht.

Deswegen haben wir auch gesagt, dass Dinge eigentlich gar keine Farbe HABEN. Aber eine Form HABEN sie schon. Unsere gelbe Banane, die ist ganz Bananen-förmig, auch dann, wenn es ganz dunkel ist. Sie ist für uns Bananen-förmig. Und für Dich. Und für blinde Menschen auch. Die Banane HAT eine Bananen-Form. Aber eine Farbe HAT sie nicht. Manche nehmen sie grau wahr. Andere rosa. Und wieder andere gelb.

BiBiBiber: Und unser Clown-Fangschreckenkrebs, der nimmt sie vielleicht als Trainings-Boxsack wahr!

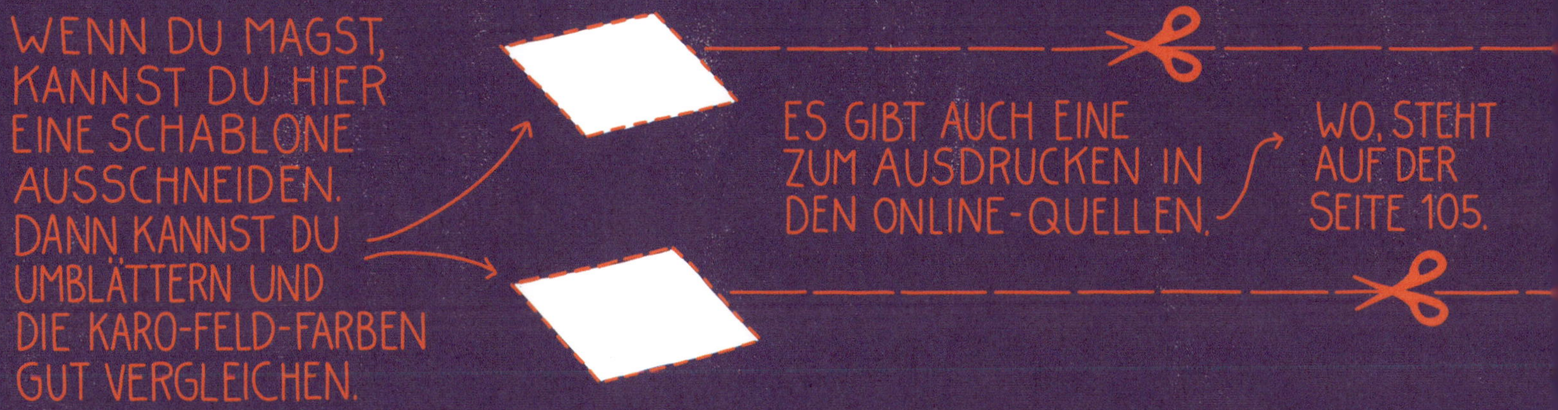

Ey, Du bist heute auch ein bisschen Clown-witzig. Oh, und weißt Du, was auch witzig ist?

BiBiBiber: DAS GEHIRN???

Ja, das auch. Aber dieses Mal meinten wir den REGENBOGEN. Denn während unsere BANANE immerhin eine FORM hat, hat der irgendwie nicht mal das. Und ein BOGEN ist er – wie schon gesagt – auch nicht.

BiBiBiber: Ja, das hat mich ganz am Anfang schon neugierig gemacht! Warum hat der denn keine Form? Und warum ist er kein Bogen???

Damit wir einen Regenbogen sehen können, brauchen wir …

BiBiBiber: REGEN!!!

Ja. Wobei eigentlich brauchen wir gar nicht UNBEDINGT Regen. Wir brauchen Wassertropfen. Richtig viele Wassertropfen. Klar, die können Regen-Wassertropfen sein. Aber es können auch Gartenschlauch-Wassertropfen sein. Oder Wasserfall-Wassertropfen. Hauptsache: Wassertropfen. Und Hauptsache viele.

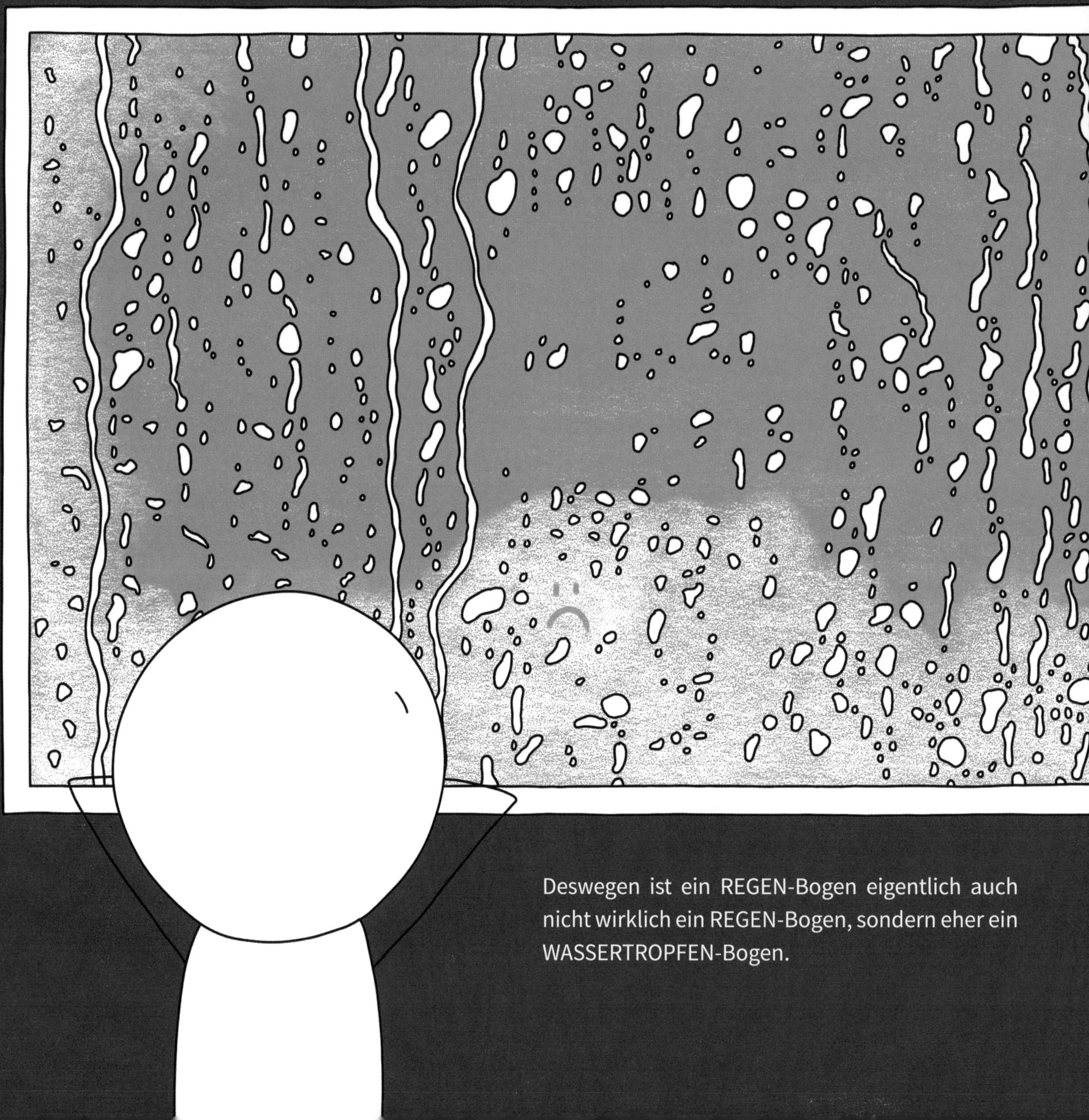

Deswegen ist ein REGEN-Bogen eigentlich auch nicht wirklich ein REGEN-Bogen, sondern eher ein WASSERTROPFEN-Bogen.

Aber Wassertropfen allein machen noch keinen Wassertropfen-Bogen. Wir brauchen noch etwas: LICHT! Ganz egal, ob wir aus dem Fenster schauen, durch den Regen spazieren oder im Sommer-Regenschauer schwimmen. Wenn wir einen Wassertropfen-Bogen sehen, brauchen wir Wassertropfen und Licht.

Als Du mit OttoOtter und MoMoMöwe im Regen auf Deinem Surfbrett lagst, da kam ja auch plötzlich Licht: die Sonne. Deswegen müssten wir unseren Wassertropfen-Bogen eigentlich Wassertropfen-LICHT-Bogen nennen. Weil ohne Licht, ohne Sonne, da hätten OttoOtter, MoMoMöwe und Du in einen bogenlosen Regenhimmel geschaut. Und noch was: Dieses Licht, also die Sonne, die ist immer gegenüber vom Wassertropfen-Licht-Bogen. Und: Sie ist immer irgendwo hinter Dir.

KOMM, WIR GEHEN IN PFÜTZEN SPRINGEN!

BiBiBiber: Ja. Stimmt. Sie ist immer hinter mir. Und der Bogen immer vor mir. Aber es ist immer ein Bogen! Deswegen versteh ich nicht, warum Ihr sagt, dass der Wassertropfen-Licht-Bogen keine Form hat. Ein Bogen ist doch eine Form!

Ja, das stimmt. Ein Bogen ist eine Form. Aber bist Du schon mal auf einen Regenbogen zugerannt? Und ist er dann größer geworden? Oder kleiner, als Du von ihm weggerannt bist? Hast Du einen Wassertropfen-Licht-Bogen schon mal von der Seite gesehen? Oder von hinten?

BiBiBiber: Mmmmmh, ne. Ich glaube nicht.

Das geht auch nicht! So ein Wassertropfen-Licht-Bogen, den sehen wir immer von vorne. Wir alle!!! Selbst, wenn wir alle gleichzeitig einen Wassertropfen-Licht-Bogen sehen, selbst, wenn Du neben OttoOtter und MoMoMöwe sitzt und Ihr so den Wassertropfen-Licht-Bogen eigentlich alle ein bisschen von einer anderen Seite sehen solltet. Egal! Es wird immer so aussehen, als wäre der Wassertropfen-Licht-Bogen vor Euch. Und als wärt Ihr der Mittelpunkt des Bogens.

Das ist wirklich einzigartig! Denk mal an unsere Banane, die ist ja auch ein bisschen wie ein Bogen. Aber wenn Du auf sie zurennst, dann wird sie größer! Also, sie wird nicht größer, sie sieht für Dich aber immer größer aus. Und wenn Du von ihr wegrennst, dann sieht sie kleiner aus. Du kannst auch um sie herumrennen. Dann siehst Du sie von der Seite und von hinten. Und Du kannst sie auch anfassen.

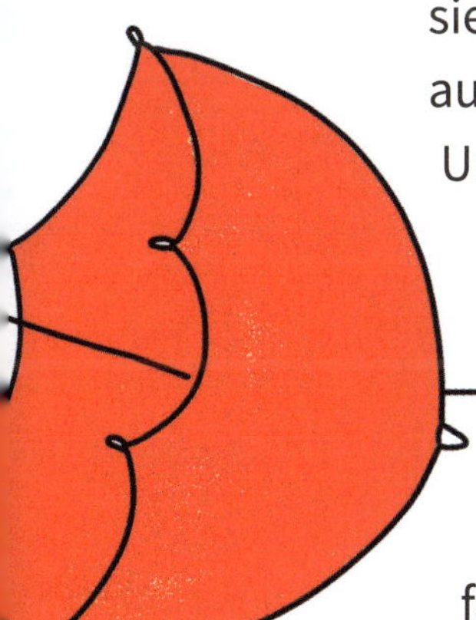

BiBiBiber: Und aufessen!!!

Ja. Das kannst Du mit dem Wassertropfen-Licht-Bogen alles nicht. Genau das meinen wir, wenn wir sagen, dass der Wassertropfen-Licht-Bogen gar keine Form hat. Er ist einfach kein Ding, wie eine Banane. Er erscheint uns nur so.

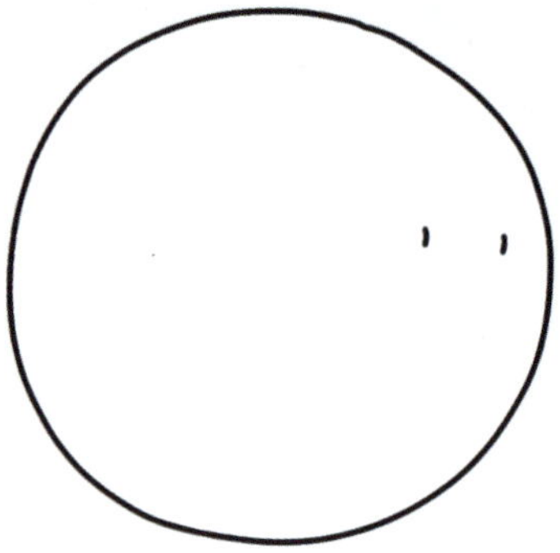

BiBiBiber: Aber ist er denn trotzdem ein – na ja, ein Licht-Wellen-Verschluck-Ding? Also ein Licht-Umweg? Weil er erscheint uns ja schon wie so ein Ding. Mit einer Form und so. Für mich, da sah der Regenbogen, den wir nach dem Surfen am See gesehen haben, ja wie ein strahlender Licht-Leuchte-Bogen aus. Und für OttoOtter wie einer mit drei bunten Farben. Und für MoMoMöwe wie einer mit unzählig vielen bunten Farben! Wenn er aber gar kein Ding ist und kein Licht-Umweg – wie kann das denn dann sein? Gilt denn für Nicht-Dinge auch, dass die Farbe nur in unserem Kopf ist?

So viele Fragen. Komm, wir schauen uns das mal ganz genau an. Wir wissen jetzt ja:

Damit wir etwas wahrnehmen – egal ob in bunter Farbe oder in Hell-Dunkel-Leuchte-Tönen –, müssen Licht-Wellen unsere Augen treffen. Damit die Zapfen oder Stäbchen unserem Gehirn Bescheid geben können, dass es etwas wahrnehmen soll.

Aber die Sonne, das Licht, das ist beim Regenbogen ja hinter uns. Und da vor uns im Himmel, da fliegt ja keine gelbe Banane durch die Luft. Es muss aber ja irgendetwas passieren, da vor uns im Himmel. Wir brauchen ja irgendeinen Licht-Umweg. Sonst würden die Licht-Wellen von der Sonne hinter uns ja wie so ein Frisbee in den Himmel geworfen werden. Und dann in der Luft von ganz alleine umdrehen und in unsere Augen treffen. Aber solche fliegenden Frisbee-Licht-Wellen-Spiegel, die gibt es nicht! Es gibt aber fliegende Licht-Umwege. Und zwar unzählig viele. Direkt vor uns fallen fliegende Licht-Umwege vom Himmel.

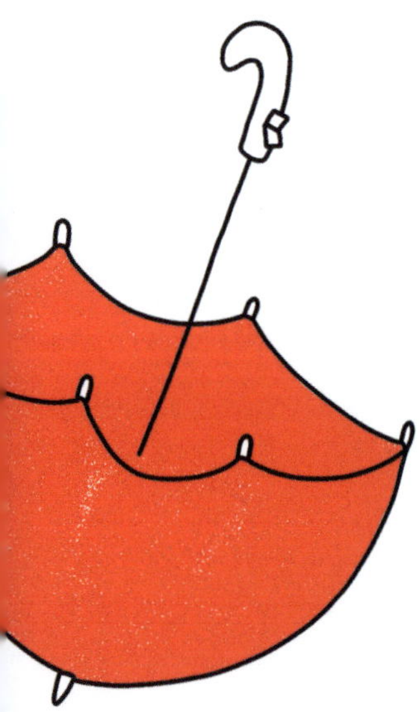

Das Sonnenlicht, mit allen Licht-Wellen drin, reist durch die Luft. Hier reisen alle Licht-Wellen-Längen zusammen.

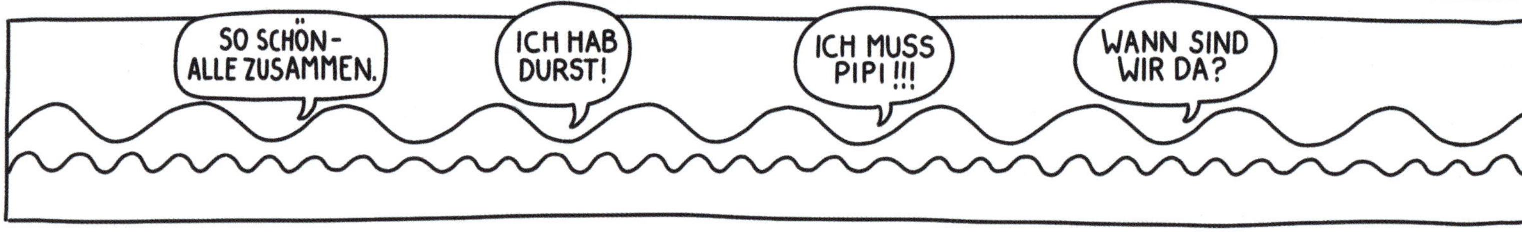

Wenn jetzt aber das Sonnenlicht auf Wasser trifft, dann wird es abgebremst und biegt sich dadurch ein bisschen. Nur biegen sich nicht alle Licht-Wellen gleich stark. Licht-Wellen mit einer langen Wellen-Länge biegen sich weniger stark. Licht-Wellen mit einer kürzeren Wellen-Länge biegen sich stärker. Das heißt: Durch die Luft, da reisen alle Licht-Wellen zusammen. Aber wenn sie auf den Regen-Wassertropfen treffen, dann verabschieden sich die unterschiedlichen Wellen-Längen voneinander. Klar, wenn die einen sich mehr biegen – und die anderen weniger, dann biegen sie quasi vom gemeinsamen Weg ab. Und reisen ab dann getrennt voneinander weiter.

So sind die Licht-Wellen auf ihrem ganz eigenen Weg unterwegs durch den Regentropfen, bis sie hinten am Ende ankommen. Die meisten verlassen da den Wassertropfen. Aber eben nicht alle. Ein paar prallen innen an der Regentropfen-Wand ab – wie so ein Ball, den man gegen eine Wand kickt. Und bleiben im Tropfen. Sie reisen durch ihn durch, bis sie auf der anderen Seite unten an der Regentropfen-Wand ankommen. Hier brechen sie aus dem Wassertropfen aus – und biegen sich dabei wieder ein bisschen. So reisen sie auseinandergebogen weiter durch die Luft und treffen dann in unsere Augäpfel, wo sich die Zapfen-Typen über Licht-Wellen-Besuch freuen.

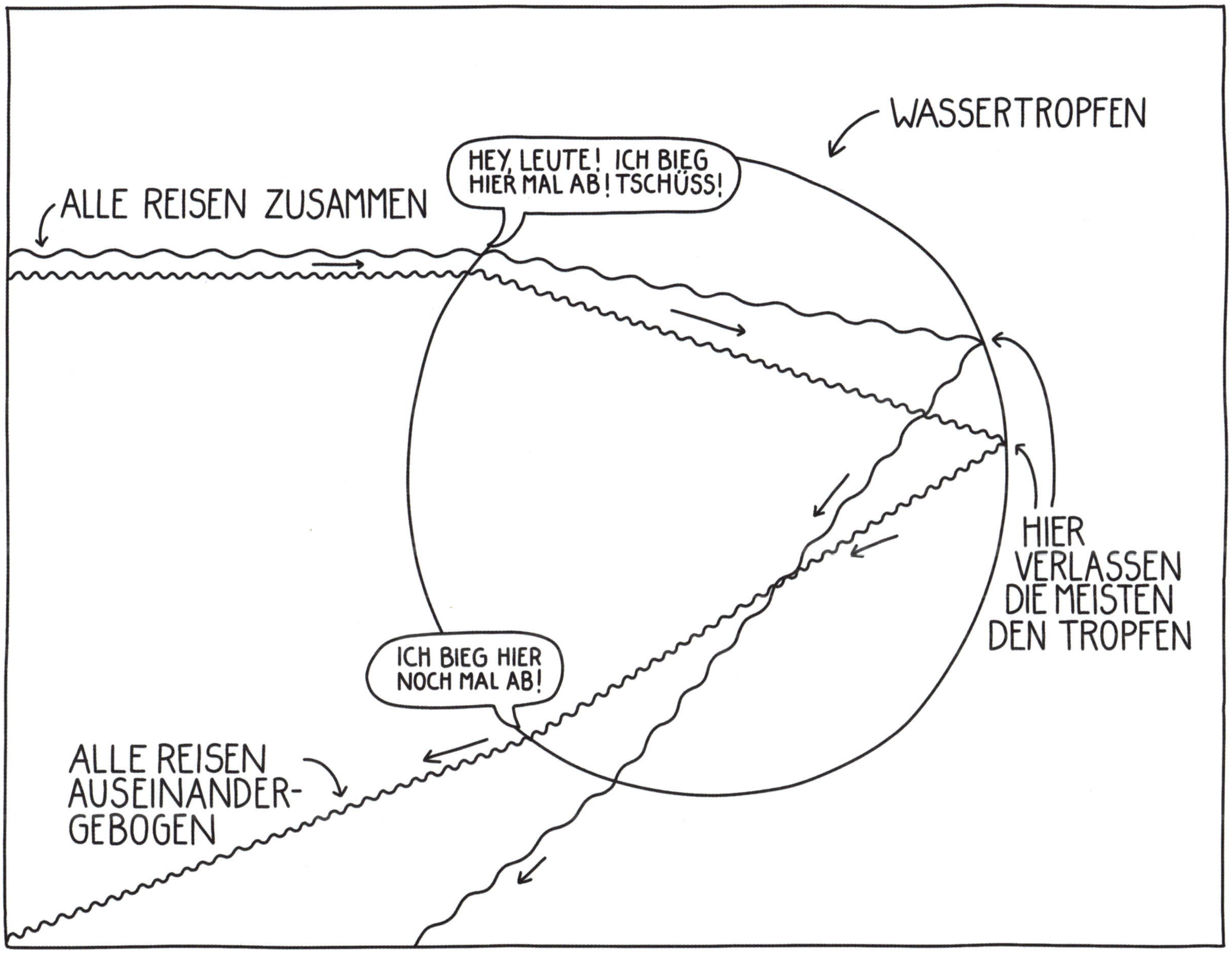

Und weil Du ja gefragt hast, warum wir nicht superviele Wassertropfen-Licht-Bögen sehen, lass uns doch auch diese auseinandergebogene Reise der Licht-Wellen zu unseren Augäpfeln mal genauer anschauen.

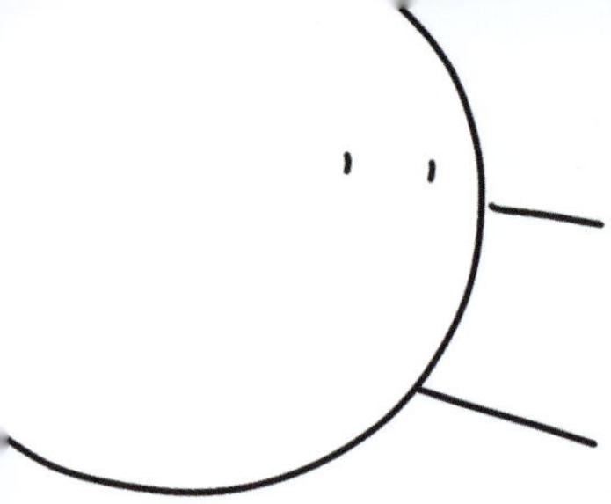

Also: Durch das Wassertropfen-Auseinanderbiegen nehmen wir nicht ALLE Licht-Wellen von einem Regentropfen wahr. Sondern immer nur eine.

Von den Regentropfen ganz oben, da trifft nur die unterste Licht-Welle in unsere Augen. Die anderen, die reisen an unseren Augen vorbei. Fliegen einfach über uns weg.

Von den Regentropfen ganz unten, da trifft nur die oberste Licht-Welle auf unsere Augäpfel. Und von den Regentropfen dazwischen, da treffen uns die Licht-Wellen dazwischen. Na ja. Und was mit Licht-Wellen in unseren Augäpfeln passiert, das wissen wir jetzt ja.

BiBiBiber: HA! Das heißt: So ein Regenbogen – so ein Wassertropfen-Licht-Bogen –, der hat ja AUCH gar keine Farben!!! Wenn die Wassertropfen-Licht-Wellen in unsere Augen biegen – und UNSER GEHIRN WIEDER DIE FARBE MACHT –, dann sind die Farben vom Regenbogen auch wieder nur in unserem Super-Krassen-Super-Gehirn!!!

Ja! Ganz genau. Der Regenbogen selbst hat auch keine Farben – aber eben alle Licht-Wellen vom sichtbaren Licht. Auch die Ultra-Violetten-UV-Licht-Wellen, die MoMoMöwe sehen kann.

Hier auf diesem Buch-Cover vorne drauf haben wir den Regenbogen in Rot, Orange, Gelb, Grün, Blau, Indigo (das ist so ein tiefdunkles Blau) und Violett gemalt. Und viele Menschen glauben auch, dass diese sieben Farben die Regenbogen-Farben sind. Aber das stimmt nicht.

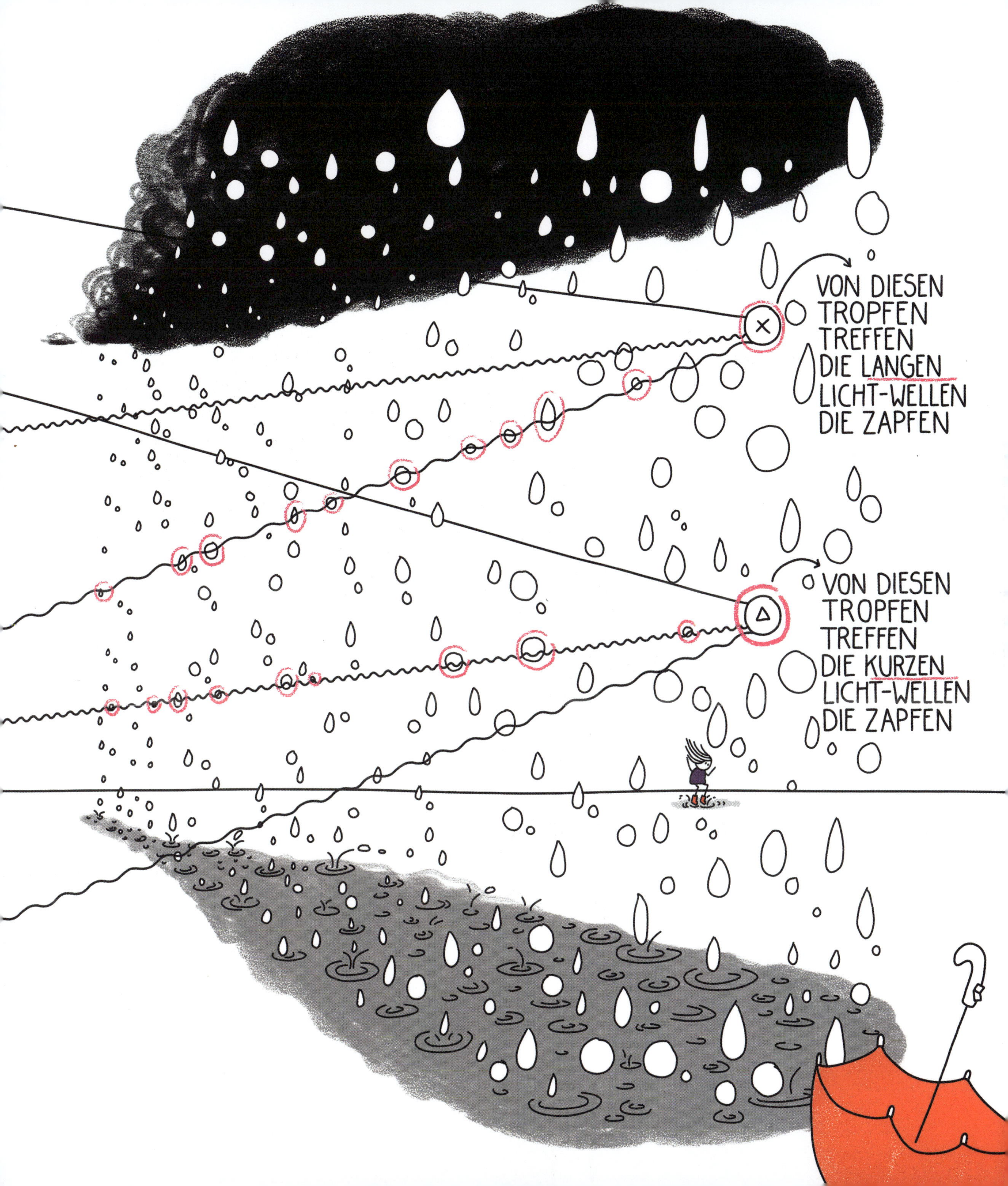
VON DIESEN TROPFEN TREFFEN DIE LANGEN LICHT-WELLEN DIE ZAPFEN
VON DIESEN TROPFEN TREFFEN DIE KURZEN LICHT-WELLEN DIE ZAPFEN

Er hat unzählig viele Licht-Wellen. Und wie bei allen Dingen entstehen auch die Regenbogen-Farben in unserem Kopf. In welchen Farben wir da den Regenbogen sehen, das kommt ganz auf unsere Zapfen-Typen an. Und darauf, welche Farben unser Gehirn aus den Signal-Botschaften der Zapfen-Typen macht.

BiBiBiber: Und was machen Eure beiden Gehirne daraus? Rot, Orange, Gelb, Grün, Blau, Indigotiefdunkelblau und Violett?

Ja, die. Aber auch alle Farben dazwischen.

BiBiBiber: Also hat der Regenbogen für Euch Drei-Zapfen-Menschen einfach ALLE Farben, die Ihr in Eurem Gehirn wahrnehmen könnt?

Nein, alle auch nicht. Rosa ist nicht dabei. Oder andere ganz helle, weiche Farben. Und auch unser kräftiges Pink ist nicht dabei.

BiBiBiber: Oh, schade. Weil Pink, sagt MoMoMöwe, Pink ballert so richtig. Warum ist das denn nicht dabei?

Erinnerst Du Dich noch, was wir Drei-Zapfen-Augen-Menschen für Licht-Wellen brauchen, um Pink wahrzunehmen?

BiBiBiber: Ja! Kurze und lange!

Genau. Damit wir Pink wahrnehmen können, müssen kurze und lange Licht-Wellen gleichzeitig – in einer Licht-Welle – in unser Auge kommen. Haben wir auf der Seite 29 ja gezeigt. Und das geht beim Wassertropfen-Licht-Bogen nicht. Einfach, weil die Wassertropfen das Licht auf ihre ganz eigene Wassertropfen-Art auseinanderbiegen. Dabei kommen zwar schon ein paar sehr wenige lange Licht-Wellen mit den kurzen Licht-Wellen gleichzeitig bei unseren Zapfen-Typen an. Aber es sind einfach viel zu wenige lange Licht-Wellen, um daraus in unserem Gehirn Pink zu machen.

Δ WIR WISSEN NATÜRLICH NICHT WIRKLICH, WIE MOMOMÖWE DEN REGENBOGEN SIEHT. ODER WIE ULTRA-VIOLETTES-UV-LICHT IM REGENBOGEN AUSSIEHT. UND HIER INS BUCH MALEN, KÖNNEN WIR NICHT-SICHTBARE-LICHT-WELLEN NATÜRLICH AUCH NICHT.

BiBiBiber: Dann haben wir ja irgendwie alle recht? MoMoMöwe, OttoOtter und ich! Es gibt gar nicht wirklich eine Antwort auf meine Welche-Farben-hat-der-Regenbogen-Frage?

Ja. Die beste Antwort ist vielleicht: Alle haben ihren ganz eigenen Regenbogen. Und ganz eigene Regenbogen-Farben. Wir alle haben unsere eigene Wirklichkeit. Für die einen ist es ein hell strahlender Lichtbogen, für die anderen ein Halbkreis aus bunten Licht-Bändern. Für manche sind es drei Farben, für andere viel mehr. Und für wieder andere hat er gar keine Farben, weil sie keine Farben und auch keinen Regenbogen sehen. Sie hören, wie die Tropfen prasseln, riechen den Geruch von Sommerregen und spüren die Wärme der Sonne, die durch die Wolken bricht und ihren Rücken streichelt.

BiBiBiber: BOA! Jetzt bin ich irgendwie erleichtert. Dann müssen sich OttoOtter und MoMoMöwe gar nicht mehr über die Regenbogen-Farben streiten! Irgendwie würde ich ihn gerne in den Arm nehmen, diesen Regenbogen, so dankbar bin ich. Aber ich kann ja gar nicht auf ihn zulaufen. Nur warum eigentlich?

Na ja. Es ist ja nicht nur ein Regentropfen, der Licht-Wellen biegt. Nicht nur einer, der uns lange oder kurze Licht-Wellen in unsere Augäpfel schickt. Es sind sehr viele Regentropfen. Ein Regentropfen, ja, ein kleiner Wassertropfen allein, der würde nicht reichen. Es braucht eine ganze Regen-Wassertropfen-Fläche. Oder besser vielleicht: eine ganze Regen-Wassertropfen-Wolke. Der Wassertropfen-Licht-Bogen entsteht ja nicht nur durch die Wassertropfen ganz nah – oder nur durch die ganz weit weg. Er entsteht aus allen. Zusammen. Deswegen ist der Wassertropfen-Licht-Bogen nicht an einem Ort.

Er ist ein bisschen überall.

Darum kannst Du auch nicht auf ihn zurennen. Er ist nicht irgendwo DA, an einem einzigen Ort. Du siehst entweder einen Wassertropfen-Licht-Bogen, weil Sonne und Wassertropfen und Du alle am richtigen Fleck seid. Oder Du siehst ihn nicht. Und wenn Du ihn siehst, sieht niemand den gleichen Wassertropfen-Licht-Bogen wie Du.

Niemand sonst steht genau da, wo Du stehst. Niemand sonst hat die Sonne genau so im Rücken wie Du. Niemand sonst hat genau die gleiche Regen-Wassertropfen-Wolke vor sich. Niemand sonst bekommt die gleichen Licht-Wellen ab wie Du. Und dann kommt ja auch noch Deine ganz eigene Wahrnehmung von Farbe in Deinem Kopf dazu.

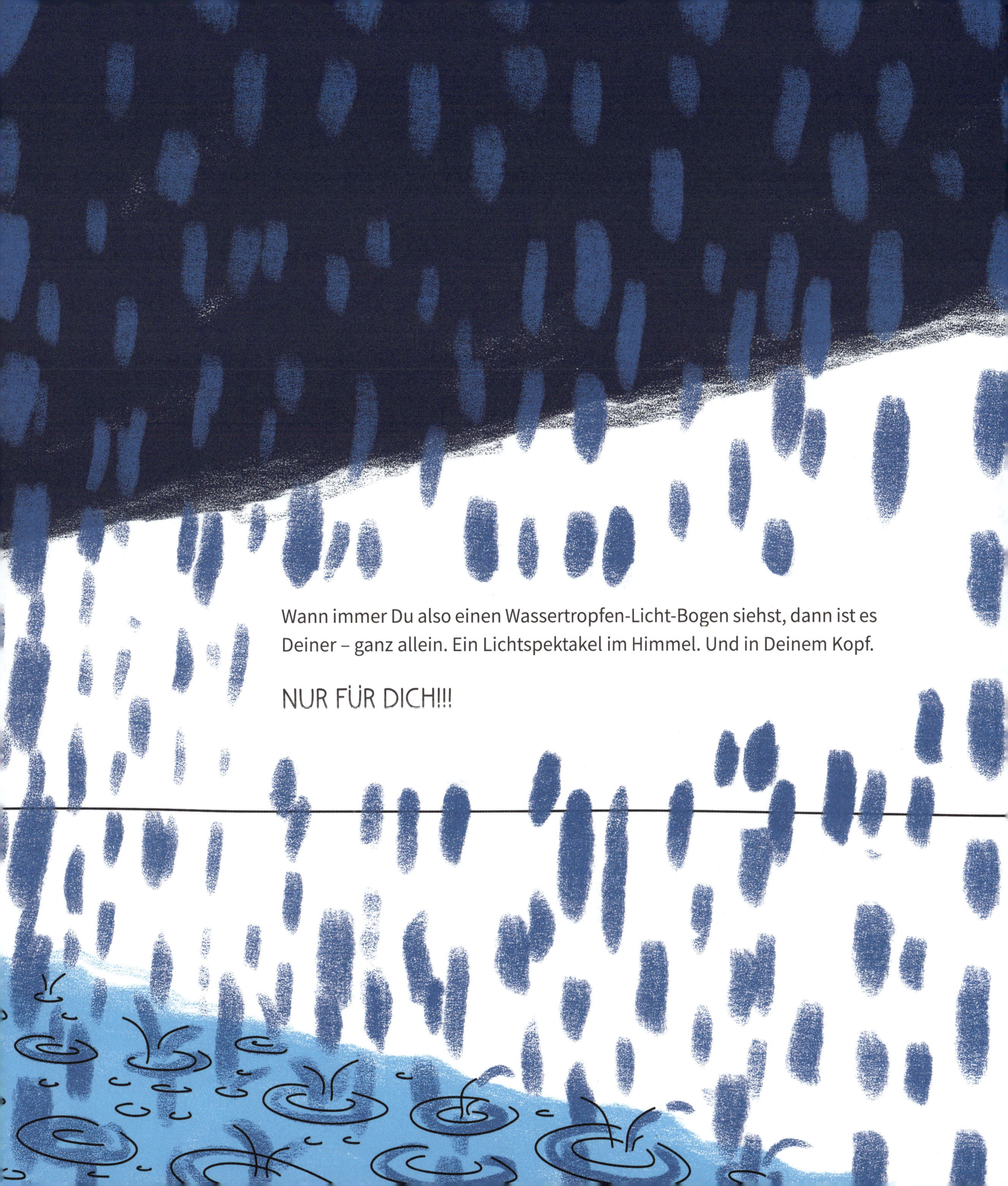

Wann immer Du also einen Wassertropfen-Licht-Bogen siehst, dann ist es Deiner – ganz allein. Ein Lichtspektakel im Himmel. Und in Deinem Kopf.

NUR FÜR DICH!!!

REGENBOGENSCHATZ
KARTE
SCHATZ
MELANINKÜSTE
ÜBERALL HIER
MARIES SEE DER IDEEN
STRAND DER HOFFNUNG
FREIE MEERE
OZEAN DER LICHT-WELLEN
MAIS ANANAS-FARM
TERRASSE AM SEE (GEBURTS-ORT BIBIBIBER)

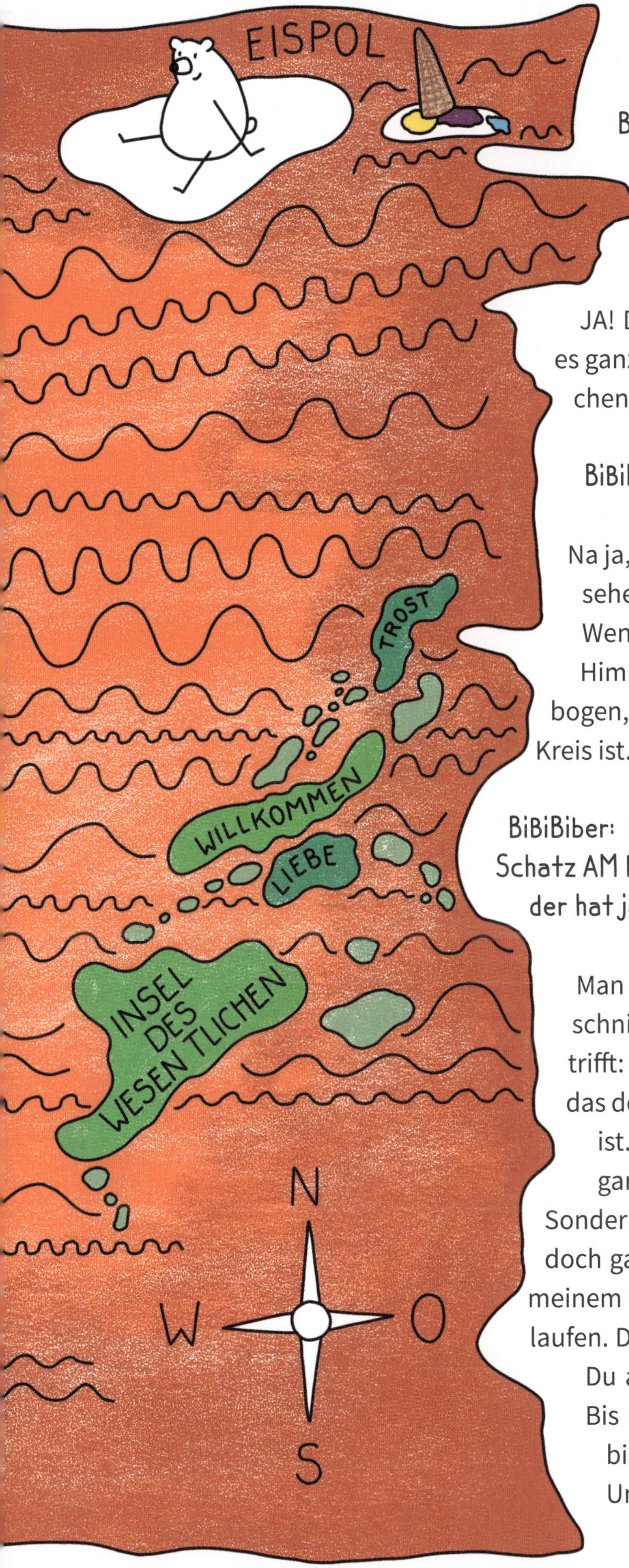

BiBiBiber: Dann frag ich ab jetzt: Nimmst Du die Licht-Wellen vom Wassertropfen-Licht-Bogen wahr? Und wenn ja: In welchen Farben erscheint Dir der Wassertropfen-Licht-Bogen in Deinem Gehirn?

JA! Das wäre etwas aufwendig, aber korrekt. Und wenn Du es ganz genau nehmen willst, könntest Du auch fragen: In welchen Farben erscheint Dir der Wassertropfen-Licht-KREIS?

BiBiBiber: Aber wo kommt denn jetzt der KREIS her?

Na ja, der Kreis, der ist eigentlich schon die ganze Zeit da. Wir sehen ihn nur nicht, weil der Boden ihn quasi abschneidet. Wenn wir auf einen Berg steigen oder wie MoMoMöwe im Himmel fliegen, dann könnten wir sehen, dass so ein Regenbogen, also so ein Wassertropfen-Licht-Bogen, eigentlich ein Kreis ist. Ein Wassertropfen-Licht-KREIS.

BiBiBiber: Deswegen habt Ihr auch gesagt, dass es gar keinen Schatz AM ENDE des Regenbogens gibt, oder??? Weil so ein Kreis, der hat ja gar kein Ende!

Man könnte ja sagen: Dort, wo der Kreis vom Boden abgeschnitten und zum Bogen wird, dort, wo der Bogen den Boden trifft: Dort wartet der Regenbogen-Schatz. Aber wo genau soll das denn sein? Wo doch der Regenbogen ein bisschen überall ist. Also überall in unserer Wassertropfen-Wolke. Es gibt ja gar nicht nur einen Ort, an dem der Bogen den Boden trifft. Sondern superviele. Und selbst wenn Du sagen würdest: Mir doch ganz egal. Dann grab ich halt an supervielen Orten nach meinem Regenbogen-Schatz. Du kannst ja gar nicht auf ihn zulaufen. Du wirst diese supervielen Orte nie erreichen. So schnell Du auch rennst: Der Regenbogen wird immer vor Dir sein. Bis Du irgendwann aus der Wassertropfen-Wolke gerannt bist. Und dann? Dann verschwindet er. Der Regenbogen. Und seinen Schatz, den nimmt er mit.

Aber wenn sich MoMoMöwe für die Schatz-Suche begeistert und in der Luft danach suchen will. Also da, wo kein Boden den Kreis zum Bogen macht. Dann hast Du natürlich vollkommen recht. Dann hat der Wassertropfen-Licht-Kreis kein Ende. Und auch MoMoMöwe wird schatzlos von der Suche nach Hause kommen. Und weißt Du, was auch kein Ende hat?

Dinge, die wir Dir noch alle über den Wassertropfen-Licht-Kreis erzählen könnten. Denn manchmal, da können wir auch einen zweiten Kreis sehen. Weil wir manchmal auch Licht-Wellen sehen, die oben aus dem Regentropfen herausbiegen. Manchmal, da sehen wir auch nur einen halben Bogen, weil die Regenfläche nicht groß genug für einen ganzen ist. Oder es kommen nur wenige Licht-Wellen an, weil die Sonne so tief steht, dass keine anderen gebogenen Licht-Wellen in unsere Augen fallen. Deswegen braucht es vielleicht auch gar keinen extra Regenbogen-Schatz.

Dein Nur-Für-Dich-Regenbogen-Lichtspektakel, das ist doch irgendwie schon ein echter Schatz.

BiBiBiber: Sollen wir auch das Buch umbenennen? Also statt: Welche Farben hat der Regenbogen? Jetzt neu: In welchen Gehirn-Farben nimmst Du Deinen Nur-Für-Dich-Lichtspektakel-Wassertropfen-Licht-Kreis-Schatz wahr?

Lieber nicht, oder? Das würden ja nur die verstehen, die das Buch bis hier hin gelesen haben. Die, wie Du, bis hier immer weiter gefragt haben.

BiBiBiber: Also ich find die alle ziemlich cool!

Wir auch! Also, Grüße an Euch alle! Weißt Du was? Vielleicht gründen wir einfach einen Club! Und machen einen Banden-Ausweis! Für alle, die wissen, was ein Wassertropfen-Licht-Kreis-Schatz ist. Also für alle, die das hier grad lesen.

BiBiBiber: Ich bin dabei!

Wir auch! Oh, und weißt Du, was auch witzig ist?

BiBiBiber: Ja! Gelbe Bananen. Unser Gehirn. Und der „Regenbogen“!

Ja! Und noch was. Selbst bei allen, die auf die Frage: „In welchen Licht-Wellen nimmst Du Deinen Wassertropfen-Licht-Kreis-Schatz wahr?“ dasselbe antworten, wissen wir nicht ganz sicher, ob sie wirklich dasselbe sehen.

DEN CLUB-AUSWEIS KANNST DU DIR AUSDRUCKEN ODER NACHBASTELN. ALLE INFOS UND DEN LINK ZUR BASTELANLEITUNG FINDEST DU AUF DER SEITE 105.

BiBiBiber: Wie jetzt? Aber alle sagen doch das GLEICHE! Äh, DASSELBE!

Stell Dir mal einen Raum voll mit 200 Drei-Zapfen-Augen-Menschen vor. Die Tür geht auf und ein Mensch mit gelbem Kleid kommt rein. Alle würden sagen: Ich nehme das Kleid GELB wahr! Aber woher wollen wir wissen, dass das Kleid-GELB für sie alle dasselbe GELB ist? Es kann ja sein, dass für den einen das Kleid-GELB eher Sonnenblumen-Gelb aussieht und für den anderen Zitronenzitrus-Gelb. Wir könnten die Licht-Wellen messen. Und die Augen-Zapfen testen. Aber WIE diese 200 Menschen GELB wahrnehmen, dafür gibt es keine Messungen. Vielleicht sieht ein Raum mit 200 Drei-Zapfen-Augen-Menschen 200 verschiedene GELBs. Wir wissen es nicht! Es gibt keine Möglichkeit, zu überprüfen, ob wir wirklich dieselbe Farbe wahrnehmen. Weil die Farbe, die ist …

BiBiBiber: NUR IM SUPER-KRASSEN-SUPER-KOPF!

Genau. Und nicht nur das: Wir wissen auch nicht, WIE wir das Gelb finden. Es gibt Menschen, die lieben Gelb. Anderen ist es egal. Die lieben dafür Blau. Wie wir Farben – aber auch andere Dinge – finden, wie sie sich für uns anfühlen, das ist genau so unterschiedlich wie unser Farben-Wahrnehmen auch.

Aber es gibt etwas wirklich richtig Tolles, um dieses WIE herauszufinden. Damit wissen wir ganz genau, wie sich Farbe für einen anderen Menschen anfühlt!

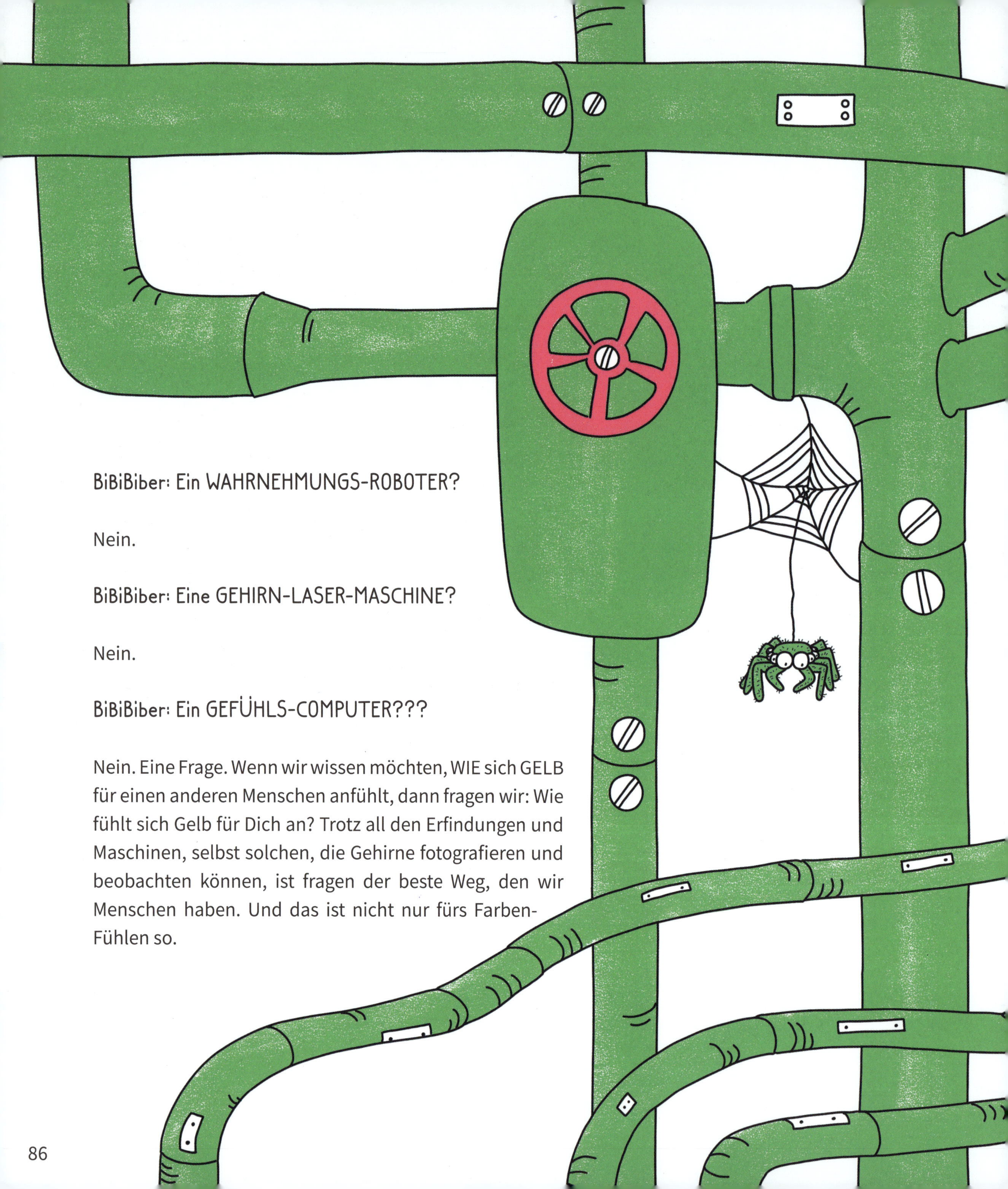

BiBiBiber: Ein WAHRNEHMUNGS-ROBOTER?

Nein.

BiBiBiber: Eine GEHIRN-LASER-MASCHINE?

Nein.

BiBiBiber: Ein GEFÜHLS-COMPUTER???

Nein. Eine Frage. Wenn wir wissen möchten, WIE sich GELB für einen anderen Menschen anfühlt, dann fragen wir: Wie fühlt sich Gelb für Dich an? Trotz all den Erfindungen und Maschinen, selbst solchen, die Gehirne fotografieren und beobachten können, ist fragen der beste Weg, den wir Menschen haben. Und das ist nicht nur fürs Farben-Fühlen so.

WIE FÜHLT SICH
GELB AN?

Stell Dir noch mal so einen Raum vor. Dieses Mal mit 10 Menschen. Und dann stell Dir vor, ein riesengroßer Clown-Fangschreckenkrebs würde allen 10 mit genau der gleichen Kraft auf das linke Knie boxen. Wir wüssten ganz genau: Bei allen 10 Menschen kommt der gleiche Clown-Fangschreckenkrebs-Knie-Box-Schlag an. Wir könnten messen, wie stark der Schlag ist. Und wir könnten auch messen, wie schnell der Schlag ist. Aber weißt Du, was wir nicht messen könnten? Wie sehr der Schlag wehtut. Wie stark die Schmerzen sind.

Schmerzen sind eine Wahrnehmung, wie Farben auch. Und Schmerzen sind eine superwichtige Warnung von unserem Super-Krassen-Super-Gehirn. Es sagt uns: „Achtung!!! Hier stimmt was nicht! Kümmere Dich da mal besser drum! Da ist was nicht in Ordnung!"

Deswegen sollten wir Schmerzen nie ignorieren. Es ist nicht tapfer, Schmerzen zu ertragen. Es ist wichtig, Schmerzen ernst zu nehmen.

Es gibt superviele unterschiedliche Schmerzen. Und Menschen nehmen Schmerzen auch superunterschiedlich wahr. Für die einen kann so ein Clown-Fangschreckenkrebs-Knie-Box-Schlag richtig schmerzhaft sein. Für andere gar nicht. Wenn wir alle 10 Menschen nach dem Clown-Fangschreckenkrebs-Knie-Box-Schlag fragen: „Wie sehr tut so ein Clown-Fangschreckenkrebs-Knie-Box-Schlag weh?“ – dann kann es sein, dass wir 10 verschiedene Antworten bekommen.

BiBiBiber: Und wie wollt Ihr rausfinden, welche Antwort die richtige ist??? Wie wollt Ihr festlegen, welche Antwort stimmt?

GAR NICHT! Weil jede Antwort stimmt. Es ist wie beim Farben-Wahrnehmen auch. Und wie bei Deiner Frage nach den Regenbogen-Farben. Die wesentliche Frage ist gar nicht: „Wie sehr tut so ein Clown-Fangschreckenkrebs-Knie-Box-Schlag weh?“, sondern: „Wie sehr tut so ein Clown-Fangschreckenkrebs-Knie-Box-Schlag DIR weh?“

STELL DICH NICHT SO AN!

Wenn Du, MoMoMöwe und OttoOtter auch vom Clown-Fangschreckenkrebs geboxt werdet, dann bringt es Dir ja wirklich gar nichts, wenn OttoOtter keine Schmerzen hat! Oder MoMoMöwe sagt, dass es wirklich kaum wehtut.

Wenn Du auf dem Boden liegst, Dich vor Schmerzen krümmst – und MoMoMöwe dann sagt: „Also ich spür gar nix!“, dann macht das Deinen Schmerz nicht weg. Und kleiner auch nicht. Und wenn OttoOtter sagt: „Ey! Stell Dich nicht so an! So schlimm war es echt nicht!“, dann hilft und tröstet das auch überhaupt absolut gar nicht!

Aber leider gibt es Menschen, die so Sachen sagen. Die anderen nicht glauben, wenn die von ihren Schmerzen sprechen. Die so Sachen sagen wie: „Jammer nicht rum. Das bildest Du Dir nur ein. Das ist nur in Deinem Kopf!“

Und das ist nicht nur bei Knie-Schmerzen so. Oder bei anderen Schmerzen, die von einem Schlag, einem Sturz oder einer Verletzung kommen. Nicht nur bei Schmerzen, die sich wie ein blutendes Aua anfühlen. Sondern auch bei solchen, die sich über uns legen wie ein schwerer Teppich. Schmerzen, die uns ganz fürchterlich traurig machen. Oder ganz fürchterlich müde und schlapp. Schmerzen, die keine Wunden haben. Schmerzen, die wir nicht sehen. Unter denen wir aber trotzdem richtig leiden.

Da sagen erst recht viele: „Ach komm, das ist doch nur in Deinem Kopf! Entscheide Dich doch einfach, wieder gesund und glücklich zu sein! Du kannst das. Du musst es nur wollen!“

BiBiBiber: Vielleicht sollten die alle mal unseren Clown-Fangschreckenkrebs kennenlernen, damit sie wissen, dass man sich das eben nicht aussuchen kann!

Ja. Das wäre wirklich richtig gut. Wenn alle wüssten: Unser Kopf macht sein eigenes Ding. Und dagegen hilft kein „Stell Dich nicht so an!“ und auch kein „Du bildest Dir das doch nur ein! Das ist nicht echt! Das ist ja nur in Deinem Kopf!“

BiBiBiber: OttoOtter würde so was nie sagen! Und MoMoMöwe auch nicht! Zu anderen nicht. Und zu mir auch nicht! Wir sind ja befreundet! Und haben uns richtig lieb.

Richtig lieb haben, ist richtig lieb. Und Liebhaben und Lieben – das sind übrigens auch solche Wahrnehmungen in unserem Kopf. Wahrnehmungen, die wir uns nicht aussuchen. Ganz egal, ob wir unsere Lieblingsfarbe, Otter, Möwen oder einen Menschen lieben. Wir können messen, wie unsere Herzen schneller schlagen. Wie unser Bauch kribbelt. Wie wir ganz aufgeregt sind. Aber wen wir lieben und wie, das lässt sich nicht messen. Das wissen nur wir. Und wer wissen will, wie Du liebst, der muss Dich fragen. Und Dir glauben.

Bei der Liebe ist es wie bei den Schmerzen: Ob andere anders lieben oder nicht, das ist für Dich vollkommen egal. Die Frage ist: Wie fühlt sich Liebe für Dich an? Wen liebst Du? Und auf diese Fragen sind alle Antworten richtig. So lang es sich für alle Liebenden gut anfühlt.

UND WENN ICH JEMANDEN VERMISSE, DEN ICH LIEBE, UND GANZ ARG LIEBESKUMMER HABE?
DANN IST ES DIE TRENNUNG, DAS NICHT-ZUSAMMEN-SEIN, DAS DIR SCHMERZEN MACHT!
UND WENN JEMAND, DEN ICH LIEBE, EINEN UNFALL HAT – UND ICH DANN MITLEIDE?
DANN IST ES NICHT DIE LIEBE, SONDERN DER UNFALL, DER DICH LEIDEN LÄSST!!!
UND WENN ICH JEMANDEN LIEBE, ABER UNSERE LIEBE WIRD VERBOTEN?
DANN IST ES DAS VERBOT, DAS DIR SCHMERZEN MACHT. NICHT DIE LIEBE!!!

Viele glauben, dass Liebe auch wehtut. Dass sie auch Schmerzen macht. Aber das stimmt nicht. Eifersucht zerfrisst einen. Neid. Oder Angst. Angst, dass man nicht lieben darf, wen man will. Dass man die Liebe nicht leben darf, wie man will. Dass man sie verstecken und verbiegen muss, die Liebe. Das macht krank. Der Schmerz kommt, wenn man nicht sein darf, wer man ist. Wenn man sich unverstanden fühlt. Und ungeliebt.

Aber Liebe? Liebe tut nicht weh! Liebe macht, dass wir Schmerzen besser ertragen. Dass doofe Zeiten weniger doof sind. Und wir auch schwere Sachen schaffen. Liebe lässt unseren Bauch kribbeln, als würden wir Wellen-Surfen. Liebe ist wie der Regenbogen. Sie ist Dein ganz eigener Schatz.

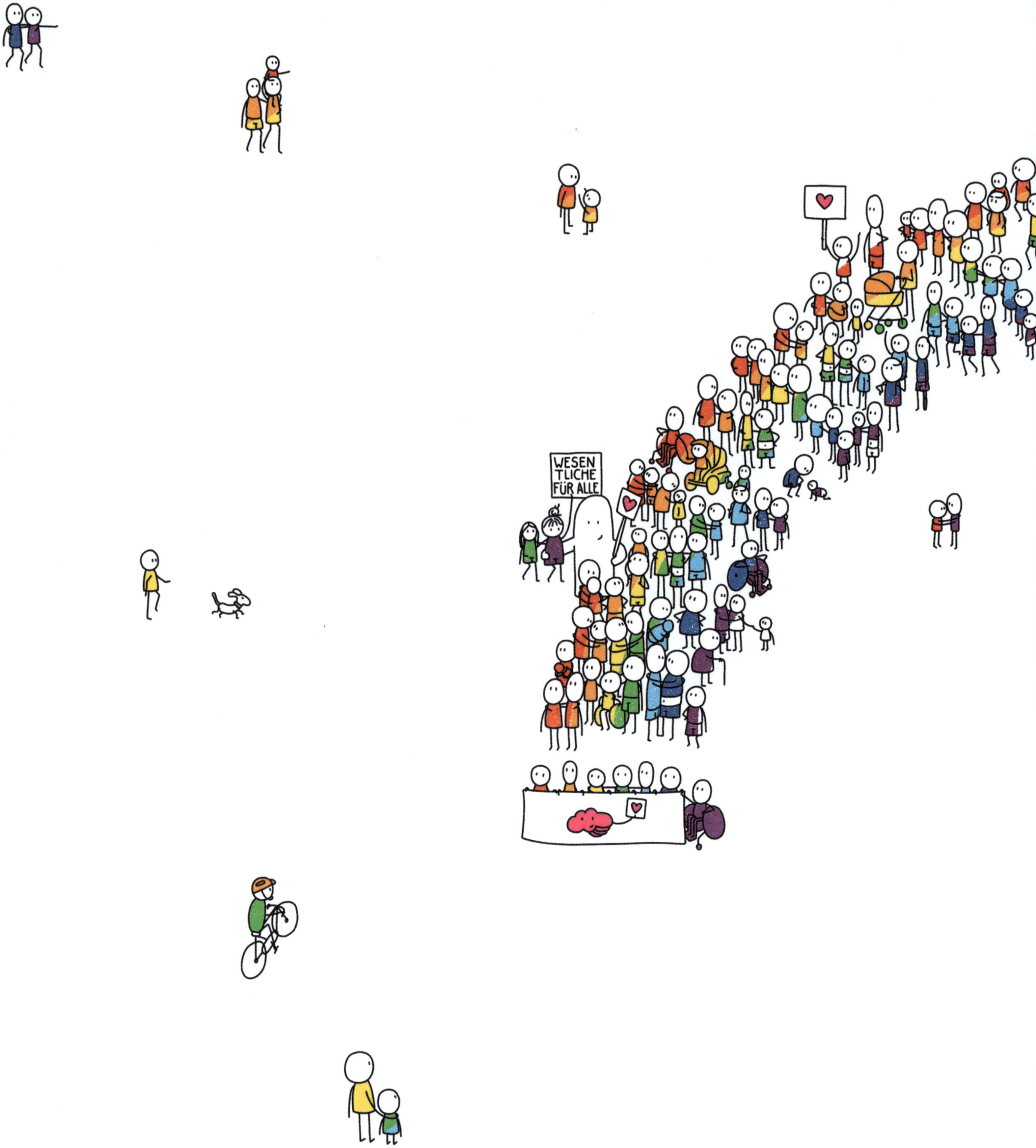
WESEN
TLICHE
FÜR ALLE

Und das alles, obwohl auch die Liebe „nur“ in unserem Kopf ist.

BiBiBiber: Also ist dieses NUR in Deinem Kopf ja eh und immer großer Quatsch mit Soße!

Ja! Anstatt unseren Kopf mit einem NUR kleinzureden, feiern wir ihn richtig ab! Unser Kopf, das ist unser Superkrasses-Super-Gehirn!!! Der Ort, an dem Farben entstehen, Schmerzen, Regenbögen, Erinnerungen, Liebe und Surf-Träume auch!!! Unser Gehirn ist der Ort unserer Wahrnehmung! Der Ort unserer Wirklichkeit! Wir lieben unser Gehirn.

Und Deins lieben wir auch.

ENDE

MEHR ÜBER MAI & MARIE

FOTO © BORIS BREUER

MARIE

malt, schreibt, singt, denkt, bildet Banden, schwimmt und kocht supergern und supergut. Außerdem hat sie immer richtig viele richtig gute Ideen und findet selbst für die witzigsten, mutigsten und neusten Ideen irgendwie einen Weg, sie auch umzusetzen. Dafür hat Marie schon richtig wichtige Preise gewonnen. Solche, wo man vorher auf roten Teppichen fotografiert wird. Das mag Marie aber gar nicht so gerne, weil sie viel lieber selber fotografiert. Und weil sie sich gar nicht so gerne schick macht. Viel lieber macht sie sich dreckig. Zum Beispiel, wenn sie Dinge baut. Am liebsten sehr große Dinge, die sie mit guten Leuten teilen kann. Als sie vor einiger Zeit mal wieder so etwas sehr Großes baute (eine Terrasse für ganz viele Menschen direkt an einem See, durch den sie so gerne schwimmt), da kam ihr eine ihrer guten Marie-Ideen: DIE IDEE FÜR BiBiBiBER.

Und weil Marie ja so gerne Banden bildet und wusste, dass sie zwar sehr schlau ist, sehr viel über Menschen, Kunst, Musik und Schreiben weiß, aber so gar nicht viel über Chemie, Biologie, Physik und so, wusste sie sofort, wen sie jetzt anrufen muss. Ihre Freundin.

MAI

denkt, schreibt, filmt, moderiert, tanzt, kocht, spielt Klavier und ist in einfach allem davon sehr, sehr gut. Sie ist superschlau. Und sie lernt auch sehr schnell. Zum Beispiel, wie man Videos filmt und schneidet. Und Mai lernt Dinge nicht nur sehr gut, sie macht sie dann auch. Und wie sie die Dinge macht! Getanzt hat sie so gut, dass sie mit ihrer Tanz-Gruppe sogar Weltmeister war. Und ihre Videos, die haben sich im Internet mehrere Millionen Menschen angesehen! Aber ihre Videos sind nicht nur sehr erfolgreich, sie sind auch noch sehr gut. So gut, dass Mai und ihre Video-Bande dafür so viele Preise gewonnen haben, dass man wahrscheinlich ein ganzes BiBiBiber-Buch damit füllen könnte. Und so gut, dass Mai jetzt auch im Fernsehen arbeitet. Und sowieso macht Mai einfach so viele Dinge, dass sie sich EIGENTLICH sehr sicher war:

Ich kann auf keinen Fall noch irgendetwas Neues machen. Egal, was es ist, ich muss es absagen! Doch dann klingelte das Telefon. Und Marie erzählte ihr ihre Idee. Da war Mai sofort klar, dass dieses EIGENTLICH MUSS ICH ALLES ABSAGEN für wirklich alles zählt – ABER NICHT FÜR BiBiBiBER!!!

SEITDEM ARBEITEN SIE GEMEINSAM DARAN, DASS AUS EINER IDEE WIRKLICHKEIT WIRD. UND DIESES BUCH IST DER BEWEIS, DASS SIE ES GESCHAFFT HABEN!

DASS SIE ES GESCHAFFT HABEN, HABEN SIE AUCH GANZ VIELEN TOLLEN MENSCHEN ZU VERDANKEN, MIT DENEN SIE EINE GROSSE BiBiBiBER-BANDE GEGRÜNDET HABEN.

JENS FOELL & LARS DITTRICH,
die superkrass schlau sind und superviel über Wellen und Farben und so viel mehr wissen. Ganz viel von dem steckt in diesem Buch. Außerdem hören sie einfach nie, nie auf, Fragen zu stellen. Das ist eh und immer gut. Aber für ein Buch, das „BiBiBiber hat da mal 'ne Frage" heißt, natürlich besonders. Und weil das alles so wichtig für dieses Buch war, möchten Mai und Marie den beiden nicht nur DANKE sagen, sondern ganz deutlich für alle klarstellen: Die zwei sind PREMIUM-MITGLIEDER der BiBiBiber-Bande!!!

CONSTANZE WEIHRAUCH,
die so, so gut darin ist, Dinge zu organisieren und Unmögliches möglich zu machen! Ohne sie hätten Mai und Marie gar nicht die Zeit für all das Denken und Schreiben und Malen. Deswegen sind die beiden Constanze und ihrer Orga-Bande (♥ Alina) so dankbar, dass es sie gibt, dass ein Danke gar nicht ausreicht. Daher kommt hier direkt ein zweites: DANKE!
Und eine extra Blume auch noch dazu.

FOTOS © BORIS BREUER

DIE BiBiBiBER-BANDE IM OETINGER VERLAG: Sarah Nünning (Snü), Helene Hillebrandt, Imke Ahrens, Julia Bielenberg, Susanne Mardt, Nina Horn, Anne Petersen, Nina Staedler, Maren Schröder, Helga Blümlein, Judith Kaiser, Anika Tasche, Alexandra Fürtauer, Angela Twiefel, Torsten Hartmann und Frauke Weise.

DIE TOLLEN MENSCHEN DIE EINZELNE SEITEN ODER DAS GANZE BUCH PROBE UND KORREKTUR GELESEN HABEN: Otto Palm, Lukas Jacob, Cara Kolb, Eva Reisinger und Martina König.

NATÜRLICH AUCH AN: Peer Bießmann für den juristischen Rückenwind und Frank Bott dafür, dass sich BiBiBiber ohne Steuersorgen durch die Weltgeschichte fragen kann, Doro Zauner für ihre Presse-Zauner-Zauberei, Boris Breuer für die tollen Fotos und Andrea Braun dafür, dass Mai und Marie auf den Fotos so gut aussehen.

UND UNBEDINGT UND IMMER AN ALL DIE MENSCHEN, DIE AUCH PRIVAT MIT MAI UND MARIE BANDEN GRÜNDEN: Matthias, die Eltern von Mai, die große Maus und das kleine Vögelchen, Maries Lieblingsmenschen, Maries Familie, die See-Terrassen-Crew und Manu, der immer für Marie und für den Text in diesem Buch da war. Und zum Glück einen Helm trug.

QUELLEN, ERKLÄRUNGEN UND NOCH MEHR INFOS

Hast Du gesehen, dass Marie auf der S.35 unserem MELANIN-Superkraft-Teilchen eine Sonnen-Creme in die Hand gemalt hat? Und es auch „SONNEN-CREME FÜR ALLE“ ruft? Es ist so: Sonnen-Creme ist wirklich supergut. In ihr sind Ultra-Violette-UV-Strahlung-Filter. Die einen Filter verschlucken die Ultra-Violetten-UV-Strahlen und machen Wärme daraus. Die anderen machen, dass die Ultra-Violette-UV-Strahlung zurückgeworfen wird. Vielleicht hast Du schon mal gesehen, dass auf einer Sonnen-Creme die Buchstaben LSF stehen? Und dahinter eine Zahl? LSF steht für Lichtschutzfaktor. Und zusammen mit der Zahl dahinter gibt er an, wie viel länger wir uns mit der Sonnen-Creme in der Sonne aufhalten können.

Sagen wir mal, ein Mensch kann ohne Sonnen-Creme 10 Minuten in der Sonne sein (also ohne dass die Menschen-Haut sich verbrennt oder unter der Haut ein für unsere Augen unsichtbarer Schaden entsteht). Dann könnte dieser Mensch mit einer Sonnen-Creme, auf der LSF 50 steht, 10 Minuten mal 50 in der Sonne sein. Das wären also 500 Minuten. Wenn jemand weniger Melanin hat und ohne Sonnen-Creme nur 5 Minuten in der Sonne sein kann, wäre die Rechnung so: 5 mal 50 = 250 Minuten.

Sonnen-Creme ist also wirklich für alle richtig gut. Nicht nur, weil sie macht, dass wir alle länger in der Sonne sein können und unsere Haut sich nicht verbrennt. Sondern auch, weil sie uns vor den für uns nicht-sichtbaren Schäden unter der Haut schützen kann. Ganz wichtig ist aber: Sonne ist auch echt gesund für uns!!! Wir brauchen sie, damit wir in unserer Haut das tolle Vitamin D bauen können. Also sollten wir jetzt wegen der Ultra-Violetten-UV-Strahlung keine Angst haben, unsere Nasenspitzen in die Sonne zu strecken.

Wusstest Du, dass MoMoMöwe nicht nur Ultra-Violette-UV-Strahlung sehen kann – sie ist auch ein Dinosaurier!!! Wirklich wahr. Vögel sind die lebenden Verwandten der Dinos. Wenn Du wissen willst, warum und was das alles mit einem Kiwi, Klettergerüsten, der Klima-Kacka-Strophe und uns Menschen zu tun hat, schau doch mal in unser „BiBiBiBER HAT DA MAL 'NE FRAGE: Sind Dinos wirklich alle tot?"-Buch rein.

Und falls Du wissen willst, von welcher „Warum-Leuchten-Sterne-Frage" BiBiBiber auf der S.11 spricht: Wir haben ein ganzes Buch darüber geschrieben, warum Sterne leuchten. Es heißt auch ganz genau so: „BiBiBiBER HAT DA MAL 'NE FRAGE: Warum leuchten Sterne?" Da erklären wir, was leuchtende Sterne mit wild tanzenden Teilchen, einer Verschmelzungs-Party, Universums-Gruß-Postkarten und dem Kreislauf des Lebens zu tun haben. Und wir erklären darin auch, warum wir alle aus Sternenstaub sind. Alle Infos dazu findest Du auch in den Online-Quellen.

Und auch die Eisbär-Karo-Feld-Schablone, den Club-Ausweis und noch ein paar mehr witzige Menschen-Augen-Experimente haben wir zusammen mit richtig vielen Quellen in unsere Online-Quallen-Quellen gepackt. Hier schreiben wir auch, wenn sich irgendetwas von dem, was wir in diesem Buch erklärt haben, ändert. Und wir verlinken dort auch das Hörbuch und die Lieder zu diesem Buch. Weil Marie zusammen mit der BiBiBiber-Band wieder Musik nur für uns und unser Regenbogen-Buch geschrieben hat. Wenn Du also wissen willst, wie die Lieder zum Wesen Tliche, zum Fragen, zu unserm Super-Gehirn oder dem KANN ICH – WILL ICH ABER NICHT-Motto und natürlich zum Regenbogen klingen, und Du die Songtexte dazu mitsingen willst, schau einfach unter diesem Link vorbei. Oder scanne den QR-Code auf der nächsten Seite. Bei der gechillten Strand-Stuhl-Banane.

ONLINE-QUALLEN-QUELLEN:
www.bibibiber.com/lesen

MIX
Papier | Fördert gute Waldnutzung
FSC® C002795

Originalausgabe
1. Auflage

Max-Brauer-Allee 34, 22765 Hamburg

Druck und Bindung: Livonia Print SIA,
Jurkalnes iela 15/25, LV-1046 Riga, Lettland
Printed 2024
ISBN 978-3-7512-0407-1

www.oetinger.de

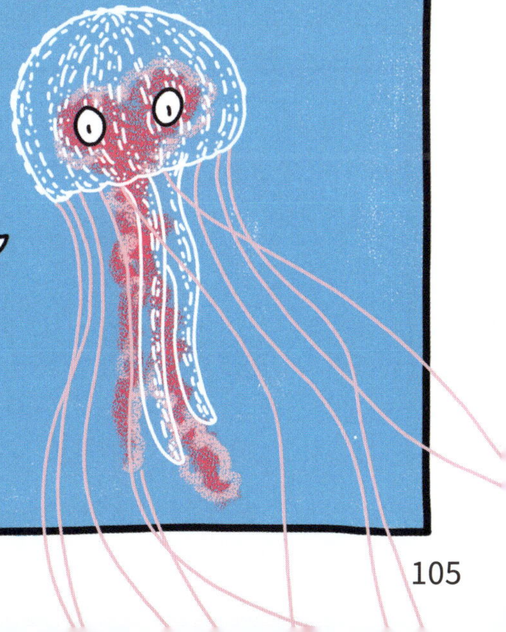